향기나는 창업
꽃집! 꽃집!

향기나는 창업 꽃집! 꽃집!

○— 허북구 · 윤재길 · 박윤점 · 한용희 지음

중앙경제평론사

중앙경제평론사 Joongang Economy Publishing Co.
중앙생활사 | 중앙에듀북스 Joongang Life Publishing Co./Joongang Edubooks Publishing Co.

중앙경제평론사는 오늘보다 나은 내일을 창조한다는 신념 아래 설립된 경제 · 경영서 전문 출판사로서
성공을 꿈꾸는 직장인, 경영인에게 전문지식과 자기계발의 지혜를 주는 책을 발간하고 있습니다.

향기나는 창업 꽃집! 꽃집!

초판 1쇄 발행 | 2003년 6월 20일
초판 7쇄 발행 | 2017년 3월 20일

지은이 | 허북구(Bukgu Heo) 외
펴낸이 | 최점옥(Jeomog Choi)
펴낸곳 | 중앙경제평론사(Joongang Economy Publishing Co.)

대 표 | 김용주
편 집 | 한옥수 · 유라미 · 정란영
디자인 | 박근영
마케팅 | 김희석
인터넷 | 김회승

출력 | 케이피알 종이 | 타라유통 인쇄 · 제본 | 영신사

잘못된 책은 구입한 서점에서 교환해드립니다.
가격은 표지 뒷면에 있습니다.

ISBN 89-88486-52-8(04320)
ISBN 89-88486-53-6(세트)

등록 | 1991년 4월 10일 제2-1153호
주소 | ㉾04590 서울시 중구 다산로20길 5(신당4동 340-128) 중앙빌딩
전화 | (02)2253-4463(代) 팩스 | (02)2253-7988
홈페이지 | www.japub.co.kr 블로그 | http://blog.naver.com/japub
페이스북 | https://www.facebook.com/japub.co.kr 이메일 | japub@naver.com
♣ 중앙경제평론사는 중앙생활사 · 중앙에듀북스와 자매회사입니다.

※ 이 도서의 국립중앙도서관 출판시도서목록(CIP)은 서지정보유통지원시스템 홈페이지(http://seoji.nl.go.kr)와
국가자료공동목록시스템(http://www.nl.go.kr/kolisnet)에서 이용하실 수 있습니다.(CIP제어번호: CIP2003000469)

꽃집의 주요 상품들

절화식물

꽃도라지(유스토마)

스타티스

루피너스

수선화

금어초

튤립

과꽃

글라디올러스

스토크

프리지어

거베라

잇꽃(홍화)

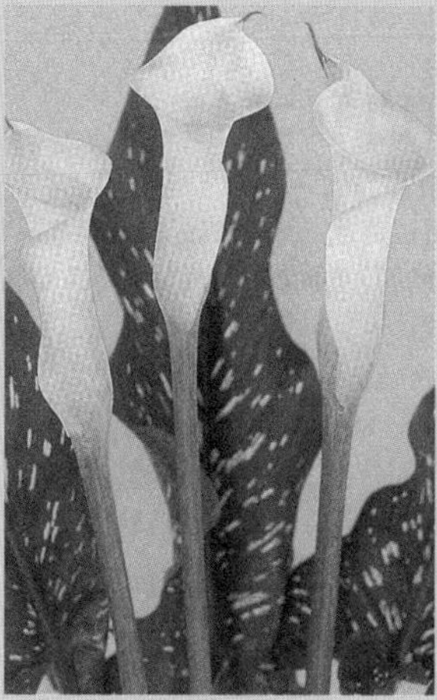
칼라

아네모네

아이리스

알스트로메리아

캄파눌라

리아트리스

잎이 아름다운 식물

아라우카리아

스파티필룸

쉐플레라(홍콩)

인도고무나무

벤자민고무나무

킹벤자민고무나무

드라세나마지난타

크로톤

테이블야자

관음죽

행운목

필로덴드론 셀럼

몬스테라

파키라

알로카시아

틸란드시아

크라슐라

산세비에리아로렌티

파초일엽

칼라디움

포인세티아

켄차야자

골드크레스트

디펜바키아

꽃과 잎이 아름다운 식물

안스리움

부게인빌레아

제라리움

후크시아

칼랑코에

시클라멘

꽃베고니아

아프카봉선화(임파첸스)

구즈마니아

향이 좋은 식물

로즈마리

라벤더

스피아민트

머 리 말

창업! 그것은 미지의 세계에 대한 도전으로 자기 일을 갖는다는 것에 대한 가슴 설렘 못지않게 불확실성에 대한 불안감이 크다. 특히 전업을 위해 창업하는 경우에는 가족의 생활과 미래까지 달려 있기 때문에 불안감이 크고 매사 신중할 수밖에 없다.

이렇게 불안감 속에서 창업을 하여 성공적으로 경영하기 위해서는 창업하려는 분야에 대해 조금이라도 더 알고서 대응책을 마련하는 것이 최선이다. 그 때문에 여러 업종의 창업에 관련된 책들이 시중에 많이 출간되고 있고, 서점에는 그런 책들이 따로 한 코너를 차지하고 있을 정도다.

그런데 창업 관련 서적이 이처럼 많이 있음에도 꽃집을 열고 경영하는 일에 관련된 창업 전문서는 거의 없다. 다만 창업 일반서의 내용 중에 꽃집 창업과 관련된 내용이 부분적으로 포함되어 있는 실정이고, 그나마 이 부분적인 내용도 꽃집을 직접 경영하는 분들의 입장에서 보면 현실과 맞지 않는 내용이 대부분이다. 그렇다 보니 창업에 크게 도움이 안 될 뿐 아니라 자칫 그로 인한 시행착오마저 일어나곤 한다.

이 책은 이러한 배경 아래 꽃집 창업에 관심을 갖고 있거나 창업을 준비 중인 분들을 위해 씌어졌다. 꽃집의 현실과 창업에 관련된 정확한 정보를 주고, 그 정보를 바탕으로 올바른 판단과 대책을 세울 수 있는 자료를 제공한다는 취지에서 저술된 것이다.

따라서 창업 관련 책에서 쉽게 찾아 볼 수 있는 창업과 경영에 대한 일반적인 사항은 크게 비중을 두지 않았다. 대신 꽃집을 직접 경영하고, 관련 분야에 대해 연구하고 강의하는 사람 입장에서 꽃집만이 갖는 특성을 창업 및 경영과 관련시켜 소개하였다. 그러므로 꽃집이나 관련 분야를 창업하고자 하는 분들은 창업과 관련된 일반론적인 책을 함께 구입하여 공부하면 보다 효율적일 것으로 생각된다.

아무튼 이 책을 구입하신 모든 분들께 감사드리며, 그 가운데 꽃집을 창업하고자 하는 분들이 있다면 이 책이 창업과 경영에 도움이 되어 꼭 성공하시기를 두 손 모아 기원 드리는 바이다. 아울러 이 책이 독자 여러분들과 만날 수 있도록 물심양면으로 도움을 주신 중앙생활사의 김용주 사장님과 스태프들에게도 진심으로 감사를 드린다.

Contents

_머리말

1 꽃집 · 플라워 샵 · 화원

21.. 꽃집의 존재 의의
23.. 자영업으로서의 특성
26.. 꽃집의 유형
32.. 꽃집의 현황과 전망
41.. 꽃집이 변하고 있다

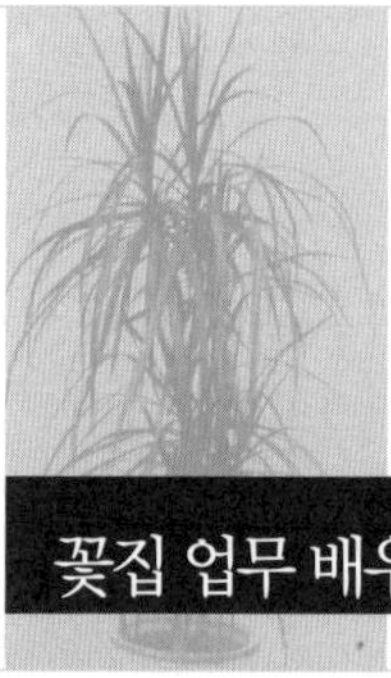

2 꽃집 업무 배우기

51.. 상품의 구성
69.. 상품의 구매
75.. 절화의 신선도 유지
89.. 분식물의 취급과 관리
109.. 상품의 진열
118.. 상품의 제작과 연출
126.. 상품 가격 매기기
135.. 접객 업무
141.. 일일 업무
149.. 수발주 업무
158.. 배달 업무
170.. 수금 관리

3 꽃집 창업하기

179.. 창업비용 계산
186.. 수익성 분석
194.. 수업과 연수
205.. 위탁 체계
211.. 통신배달 체계
221.. 체인점 체계
228.. 상호 정하기
236.. 위치 선정
245.. 점포 구입과 인테리어
255.. 시설물과 도구
263.. 개점 준비와 개업

4 꽃집 경영하기

269.. 이미지 통합과 관리
271.. 비즈니스 양식
275.. 홍보 및 판촉물 제작
284.. 직원의 채용과 관리

5 꽃집 성공 노하우

289.. 꽃집 경영에서 발생하기 쉬운 문제점과 대응책
295.. 매출관리와 경영분석
310.. 고객개발과 관리
323.. 성공하는 꽃집이 되자
_ 참고문헌

1

꽃집 · 플라워 샵 · 화원

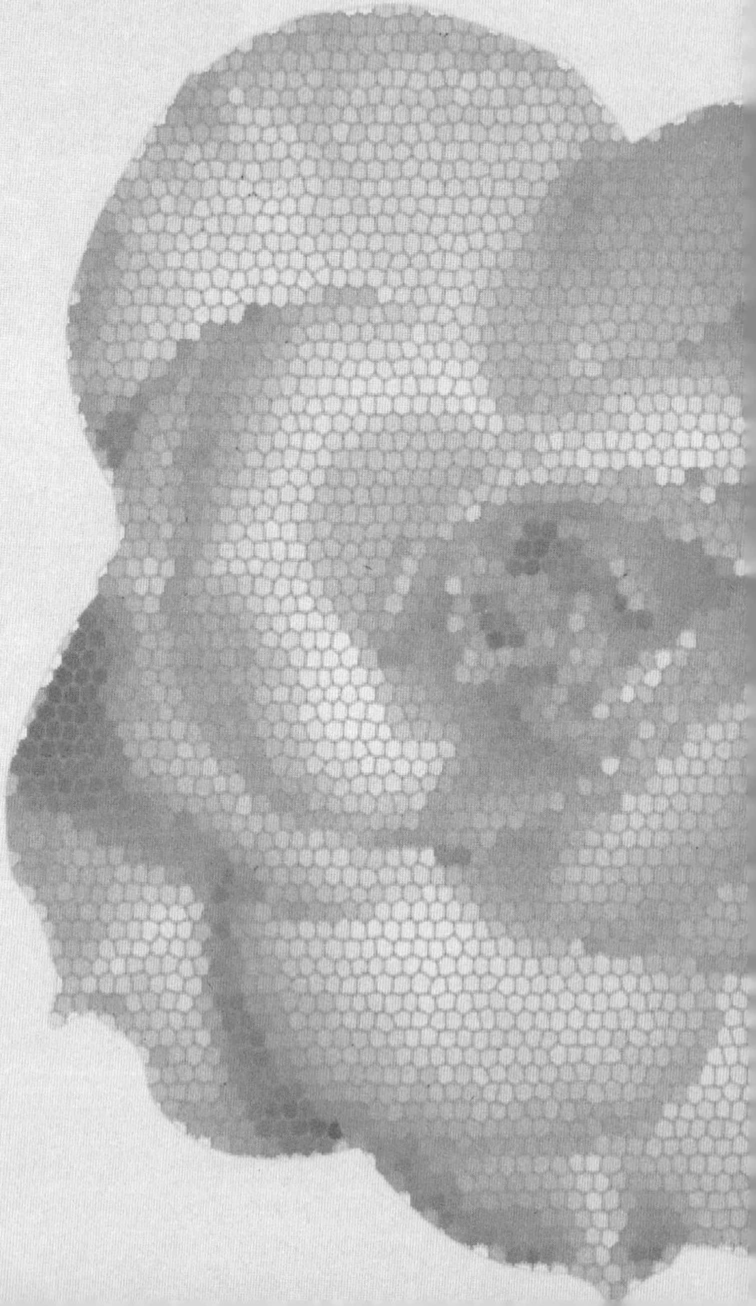

꽃집은 예전의 경우 장의사를 가리키는 말이기도 했으나 현재는 절화, 분식물 등을 구입하여 소매로 파는 점포를 가리킨다. 물론 꽃집 외에도 화원, 화방, 플라워샵, 원예센터 등 다양하게 불리고 있지만 이 책에서는 꽃 소매점을 가리키는 일반적인 용어이자 순우리말인 '꽃집'을 그 지칭어로 사용했다.

꽃집의 범주에는 꽃을 구매하여 갖춰 놓고 소매를 하는 방식 외에 전화나 인터넷으로 주문을 받고 배달하는 최근의 온라인 판매 방식까지 모두 포함시켰다.

꽃집의 존재 의의

꽃집의 존재 의의는 유형 및 경영주의 사업 이념에 따라 천차만별이지만 일반적으로는 다음과 같다.

사업체나 직업군이다

경영주 개인에게는 사업체로서, 생계유지 수단이나 사업 목표를 실현하는 곳이며 그곳에 근무하는 사람들에게는 하나의 직업으로 존재한다.

화훼산업 발전에 기여한다

화훼의 최종 판매처는 일반적으로 꽃집이다. 그렇다 보니 꽃집에서 많이 팔리면 화훼 생산과 유통이 자극되어 시장의 크기도 커지고 꽃집에서 소비가 위축되면 화훼산업 규모도 작아진다. 가령, 꽃집에서 매출 증가를 위해 새로운 상품을 개발 한 후, 홍보를 통해 꽃 소비를 증가시키면 생산도 같이 증가되어 화훼산업 규모가 커진다.

쾌적한 생활공간 창조에 기여한다

꽃집은 꽃과 푸른 식물을 판매하고 이용법을 가르쳐 줌으로써 자연을 보급하고 있으며, 이는 쾌적한 생활공간 창조에 기여한다. 자연이 정서생활에 크게 도움이 된다는 여러 연구 결과를 고려한다면 자연물인 꽃과 식물을 장식하고 판매하는 꽃집은 공익적인 측면에서도 큰 의의가 있다.

그림 1. 꽃집은 사업체이면서도 자연을 보급하는 공익적인 기능을 한다.

도시환경 개선에 기여한다

한 집 건너 꽃집 하나라는 말이 있을 정도로 도시에는 수많은 꽃집들이 있다. 이 꽃집들을 점으로 표시해 모두 잇는다면 도시는 꽃으로 가득 찰 정도인데, 이들이야말로 도시에 살아 있는 색과 아름다움을 주는 데 큰 역할을 하고 있다.

자영업으로서의 특성

꽃집은 꽃을 취급하기 때문에 일반적으로 좋은 이미지를 갖고 있지만 외부에서 느끼는 이미지와 현실 간에는 다소 차이가 있다. 그러므로 꽃집 창업을 생각할 때는 자영업으로서 꽃집의 좋고 나쁜 점을 객관적으로 생각해보고 그것을 자신의 형편과 결부시켜 보는 것이 필요하다. 다음은 자영업적 측면에서 본 꽃집의 일반적인 특징을 간략하게 정리한 것이다.

비교적 적은 자본으로 창업할 수 있다

자영업을 창업할 때 비용이 많이 드는 주요 부문은 점포 임대료(전세보증금 등), 인테리어 비용, 물건 값이다. 그런데 꽃집의 경우 점포 임대료는 일반 점포와 같은 곳도 좋지만 상황에 따라서는 작은 면적의 공간, 예컨대 건물과 건물 사이를 활용할 수 있고, 건물이 없는 대지를 빌려 조립식건물이나 비닐하우스를 지어 활용할 수 있다는 이점이 있다. 또 꽃과 식물은 그 자체만으로도 화려하고 싱그럽기 때문에 별도의 인테리어 비용을 크게 들이지 않아도 된다. 상품 역시 적은 비용으로도 구색을 갖출 수 있는데, 관엽식물의 경우 부피가 큰데도 다른 공산품에 비해 상대적으로 가격이 저렴한 편이다. 이러한 특징은 적은 자본으로도 창업을 할 수 있게 하지만 동시에 쉽게 그만 두게 하는 요인으로도 작용하고 있다.

평생직업이 될 수 있다

상품과 유통환경의 변화, 기술의 발전, 생산체계 등에 따라 평생직업이란 없다고 할 정도로 세상이 빠르게 변하고 있다. 그러나 꽃집의 일은 도시화가 진행되고 스트레스가 쌓일수록 그 필요도가 증가하는 꽃과 푸른 식물을 상품으로 삼고 있다. 또 상품인 꽃은 꽃다발, 꽃바구니, 화환 등으로 제작되어 판매하는 것으로, 디자인 감각이 필요한 만큼 대량 생산과 대량유통이 어려우므로 평생직업이 될 수 있다.

업무적 이미지가 좋고 창의력을 발휘할 수 있다

꽃집은 꽃이라는 화려하고 평화로운 이미지를 갖는 상품을 취급하며, 상대하는 고객들도 그 상품이 갖는 이미지를 이해하는 사람들이다. 또 꽃집의 일은 재료 상태의 꽃이나 식물을 이용해 장식하거나 여러 가지 상품으로 만드는 것으로, 같은 재료로 같은 상품을 만들어도 장식장소, 용도, 고객 등에 따라 다르게 장식하고 만들 수 있기 때문에 업무에서 늘 자신의 창의력을 발휘할 수 있다.

다양한 지식과 디자인 감각이 필요하다

꽃집에서는 많은 상품을 취급하고 디자인하기 때문에 식물의 종류, 재배관리, 유통, 플라워디자인에 이르기까지 다양한 지식과 디자인 감각이 필요하다.

근무 시간이 많다

꽃집의 일은 근조화환처럼 갑작스럽게 발생하는 수요가 많고 휴일에 있는 행사와도 밀접한 관련이 있으므로 아침부터 저녁 늦게까지, 또 휴일에도 근무를 해야 하는 경우가 많아 다른 업종에 비해 근무시간이 많은 편이다. 근무시간을 정해 놓고 일정 시간만 할 수도 있지만 그럴 경우 수익률이 떨어지는 문제와 단골 고객의 주문에 응대하지 못해 고객을 잃는 문제가 발생한다.

수익률이 높지 않은 편이다

다른 분야와 같이 꽃집도 꽃집 유형, 경영주의 능력에 따라 수익률에 크게 차이가 있다. 일부 꽃집의 경우 연매출이 수십억에 이르는 곳도 있지만, 대체적으로는 꽃집 수의 증가에 따른 과대 경쟁으로 마진율이 저하되고 있으며, 수익률도 노동투자 시간이나 투자 규모에 비해 낮은 편이다.

꽃집의 유형

꽃집은 상품내용, 판매방식, 규모, 위치 등 여러 가지 유형에 따라 구분할 수 있다. 각 유형에 따라서 창업비용, 디자인, 위치, 점포 형태 등이 다르고 그에 따라 판매품목 매출액, 마케팅 방법도 다르게 된다. 따라서 창업을 생각하고 있다면 먼저 꽃집의 유형에 대해 구체적으로 알아보고 나서 자신의 창업자금, 디자인 감각, 주거지, 목적 등의 상황에 맞는 유형을 선택하는 것이 시행착오를 줄여 쉽게 성공하는 지름길이다.

취급품목에 따른 유형

꽃집에서 주로 취급하는 상품에 따라 구분한 것으로 일반 꽃집형, 전문점형, 종합원예점형으로 구분하는 것이 가능하다.

일반 꽃집형

흔히 볼 수 있는 형태의 꽃집으로 절화, 관엽식물, 동서양란, 소품 등을 골고루 갖춰 놓고 판매하는 매장이다. 우리나라 꽃집의 85% 가량이 이러한 형태로 추정된다. 일반 꽃집형의 꽃집을 창업하고 운영하기 위해서는 절화, 관엽식물, 동서양란 등 각 품목에 대한 전문적인 지식과 이용기술이 필요하다. 특히 절화를 취급하고자 한다면 플라워디자인에 대한 이론과 실기를 익혀 두어야 한다.

전문점형

》 관엽식물 전문점

관엽식물 전문점은 시내에서 독립적으로 존재하는 경우는 거의 없고, 대부분 각 전문점이 모여 대형 꽃시장 형태를 이루고 있으며 지방에서는 도매나 중간도매를 하는 형태로서 존재한다. 관엽식물 전문점의 매장은 키가 크고 부피가 큰 관엽식물을 취급하는 만큼 비닐하우스나 유리온실 형태에 다소 넓은 면적이어야 하며 천장도 높아야 한다. 운영자는 플라워디자인에 대한 기술은 필요 없는 반면 관엽식물의 이름, 재배관리, 이용기술, 유통에 대한 지식을 익혀 두어야 한다.

》 난 전문점

난 위주로 판매하는 곳으로, 관엽식물 전문점과 같이 시내에서 독립점으로 존재하는 경우는 거의 없고 각 전문점이 모여 꽃시장 형태를 취하고 있는 경우가 일반적이다. 난 농장을 경영하면서 판매장이나 도매업 및 중간도매업을 하는 형태로 시 외곽 지대에서 운영하는 곳도 더러 있다. 난전문점을 운영하기 위해서는 난에 대한 종류, 재배관리, 유통 등 전반적인 지식이 필요하다.

》 생화전문점

생화전문점은 주로 시내에 위치하고 소규모라는 점에서 일반 꽃집형과 비슷하지만 굳이 구분하자면 절화만 전문으로 취급하는 꽃집이다. 절화만 취급하면서 임차료가 비싼 시내 중심가에 위치하므로 점포 면적은 극히 좁은 편이다. 절화는 주로 꽃다발 위주로 판매되는 가운데, 일부가 꽃바구니, 꽃박스 형태로 판매되므로 운영을 위해서는 반드시 꽃 포장기술을 익혀야 하며, 상품의 제작 속도도 빨라야 한다.

》 조화 및 드라이플라워 전문점

조화 및 드라이플라워 전문점은 주로 시내나 시외곽지대에 존재하며 규모도 다양한 편이다. 판매는 상품을 제작하여 진열해두고 하는 것과 공사 위주로 운영하는 것 모두가 가능하다. 미리 만들어 두어도 시들거나 변형이 적으므로 창업 초기에는 디자인 감각이 없어도 완성품을 구입하여 판매하는 것이 가능하다.

》 기타

분재, 분경, 야생화 전문점이 있으나 몇 군데 되지 않는다.

종합원예점형

일반 꽃집형이나 종합 원예점형 모두 취급품목은 다양하다. 그러나 일반 꽃집형이 소매점에 해당된다면 종합 원예점형은 대형할인점에 비유할 수 있다. 취급품목은 절화, 관엽식물, 난뿐만 아니라 원예용 자재, 조경용 자재, 묘목, 토양, 비료, 가정원예용품 등 다양하다. 우리나라에서는 거의 찾아보기 힘들지만 미국, 일본, 유럽에서는 쉽게 찾아 볼 수 있다.

판매방식에 따른 유형

직판 위주의 꽃집

상품을 진열해 놓고 방문하여 구매하는 고객들에게 현장에서 판매하는 방식이다. 품목은 꽃다발, 꽃바구니처럼 사랑의 선물용이나 관엽식물 소품, 허브 같이 가정원예용 상품이 주를 이룬다. 대학가

앞이나 시내 번화가에서 꽃다발이나 꽃바구니 위주로 판매하는 생화전문점, 노점에서 절화나 분식물을 판매하는 형태, 분재전문점이나 야생화 전문점, 아파트 주변에서 관엽식물 소품 등을 판매하는 것이 모두 이에 해당된다. 직판 위주의 꽃집은 위치와 상품에 영향을 많이 받는다.

통신판매 전문점

카탈로그나 전단지 등에 상품을 게재한 후 전화 등의 통신주문에 의해 주문을 받은 후 상품을 제작해 배달하거나 다른 꽃집에 위탁함으로써 수수료를 수입원으로 하는 형태이다. 이들 전문점들은 단순히 배달만 해 주는 형태와 꽃 전달 자체를 이벤트로 기획하여 상대방에게 전해 주는 형태가 있다.

복합형 꽃집

일반 꽃집에서 흔히 볼 수 있는 판매방식으로 방문객을 대상으로 한 대면판매와, 배달서비스 및 통신판매를 겸하는 형태이다.

대행 위주의 꽃집

꽃집이나 관련업체에서 위탁한 상품 위주로 제작하고 배달하는 형태이다. 주로 화환, 웨딩부케 등을 취급한다. 꽃집, 예식장, 웨딩드레스실, 미용실 등 개인이 아닌 업체가 고객이므로 위치에 구애받지 않고 할 수 있다.

사이버 꽃집

사이버 공간에 표준화된 제품을 전시해 놓고 판매하는 형태이다. 고객의 주문을 받으면 고객과 가까이에 있는 꽃집에 상품의 제작과 배달을 위탁하고 대신 일정액의 수수료를 수입원으로 하는 체계를 많이 취하고 있지만 최근에는 기존의 꽃집에서도 사이버 공간에 꽃집을 개설하여 영업하는 사례가 증가하고 있다.

경영방식에 따른 유형

경영방식에 따라서는 꽃집의 주인이 직접 경영하는 직영점, 체인가맹점으로 체인 본사의 경영방식에 따라 운영하는 체인점이 있는데, 우리나라의 꽃집은 대부분이 직영점이다. 물론 체인점들이 있으나 외국처럼 본사에서 꽃을 구입하고 본사의 경영방식에 의해 경영하는 것은 아니고 통신배달 상품의 수발주를 협력하는 형태를 취하고 있기 때문에 엄밀한 의미에서 체인점보다는 직영점에 속한다.

소비문화에 따른 유형

꽃집의 유형은 국가마다 차이가 있다. 우리나라의 꽃집은 대체적으로 소규모의 소매점 형태를 갖춰 놓고 업무용 품목 위주로 영업하고 있으며 판매는 방문구매객을 대상으로 한 대면판매와 통신판매를 겸하고 있는데 통신판매 비중이 약간 높은 편이다.

미국에는 표 1-1과 같이 다양한 종류의 꽃집이 있으며, 일본이나 유럽에도 다양한 꽃 전문점의 존재와 함께 종합 원예점 형태의 꽃 슈파마켓이나 가든센터, 플라워센터, 가정원예용품점 등 대형점이 증가하고 있다. 미국, 일본, 유럽에서 이렇게 꽃이나 꽃과 관련된 대형매장이 존재하며 발전하고 있는 것은 우리나라와 달리 가정원예 규모가 크기 때문이다. 이처럼 꽃 소비문화와 유형에 따라 꽃집의 형태도 다르게 발전하고 있으므로 꽃집 유형을 결정할 때는 시장의 꽃 소비문화도 감안하는 것이 좋다.

꽃집의 현황과 전망

우리나라에서 현재 성업 중인 꽃집의 수는 2001년을 기준으로 11,106개인 것으로 조사되어 있으나 통계에 잡히지 않은 꽃집, 꽃집

〈표 1-1. 꽃집의 종류와 특징(미국)〉

종류	특징
풀서비스형 점포 (Full-service shop)	* 전통적인 형태의 꽃점포임 * 생화, 분화, 원예용품, 건조화, 조화 등 거의 모든 품목을 취급 * 직판, 배달, 이벤트 행사의 기획, 외상거래, 통신서비스 등 다양한 서비스 제공
전문형 점포 (Specialty shop)	* 전문화된 시장의 특별한 수요를 목표로 함 * 품목이나 서비스별로 전문화되어 있고, 근처의 점포와 취급 품목을 달리함
케리지트레이드형 점포 (Carriage trade shop)	* 부유층의 개인 및 단체 연회 시의 화훼장식을 위주로 함 * 풀서비스 점포와 똑같은 서비스를 제공하지만 고객의 독특한 취향을 맞추어야 하는 점이 다름 * 상품의 가격은 문제시되지 않음, 최고의 상품과 디자인을 제공하여 상류층의 기호에 부합하여야 함
스템형 점포 (Stem shop)	* 줄기나 다발 단위의 다양한 꽃을 현금으로 판매하는 형태임 * 디자인이나 배달 서비스는 하지 않음 * 교통이 편리한 대도시 빌딩 안이나 길거리에 위치
스튜디오형 점포 (Studio operation shop)	* 전문성을 가지고 전문적인 고객을 대상으로 한 파티 기획업무가 위주임 * 판매는 대부분 고객의 집이나 비즈니스용 전화에 의한 예약 * 매장 없이 운영 가능
가맹형 점포 (Franchise shop)	* 가맹권을 가지고 모회사의 규칙과 규정에 따라 운영함 * 판매 상품은 반드시 본점에서 구입 * 가맹점의 오너는 총 판매액 중 일부를 본점에 지불 * 준비 비용이 많이 들지만 단 시간에 업체의 인지도 향상
대규모시장형 점포(Mass market shop)	* 일반상품의 체인점이나 식료품점 내에 위치 * 신선한 생화 꽃꽂이 작품, 원예용품, 줄기나 다발 단위의 절화를 판매 * 직접 판매하는 형태이며 배달서비스는 하지 않음
도매상 (Wholesale florist)	* 생산지와 소매상 사이의 연결고리 역할 * 세계 전역에서 꽃을 구입하여 지방의 소매점에 제공 * 절화 및 절엽류, 분화류, 선물용품, 리본, 와이어, 악세서리와 같은 관련용품까지 제공

과 유사한 형태의 소매점, 온라인업체까지를 포함하면 실제로는 2만여 개에 이르는 것으로 추정된다.

더욱이 꽃 소비의 증가, 플라워디자인에 대한 관심 고조, 꽃 관련 교육과 꽃배달이 활성화됨에 따라 꽃 시장의 규모는 향후 더욱 커질 것으로 보인다.

꽃 시장의 규모

꽃집들은 보통 5~15평 정도의 매장이 주류를 이루고 있지만 최근에는 30평 이상의 대형 매장도 증가하고 있다. 앞으로는 꽃다발과 같은 기술 위주의 상품을 판매하는 소규모 꽃집과 풍부한 상품을 갖춰놓고 저렴하게 판매하는 대규모 매장으로 양분될 것으로 전망된다.

국내 꽃 시장의 규모는 90년대 초반을 기점으로 점차 불황기로 접어들었지만, 그런 가운데서도 매년 20-25% 정도 성장을 거듭해 현재 소비액 기준 1조 원 정도이다. 이는 이웃 일본이나 선진 각국과 비교할 때 상당히 미미한 수준으로, 향후 지속적으로 성장할 여지가 아직 충분함을 말해 준다.

특히 우리나라에서 꽃을 사는 목적은 업무적인 필요 및 사랑의 마음으로 타인에게 선물하기 위한 용도가 90%인 만큼 향후 가정용이나 개인 구매의 비중이 높아진다는 가정 하에 무한한 성장 가능성을 나타내고 있다.

실제로 우리나라 국민 1인당 꽃 소비량은 현재 13달러 정도로, 일본의 135달러 수준에 비해 매우 낮은 편이지만 불과 몇 년 이내에 50달러 수준에 달할 것으로 예견되고 있다.

경영 형태

꽃집은 과거 여성들의 취미 생활 겸 부업 정도의 경영 형태를 취한 곳이 많았는데 최근에는 전업 형태로 경영하는 곳이 많다. 일부 꽃집에서는 대규모 투자를 하여 규모화 및 전문화를 꾀하고 있다. 또 전통적인 오프라인 판매뿐만 아니라 통신판매와 인터넷을 이용한 사이버 판매의 비중도 높이고 있다.

판매품목

오프라인 꽃집

우리나라 꽃집에서 판매 품목은 영업형태에 따라서 화분 위주로 운영하는 꽃집, 꽃바구니 등 생화 위주의 꽃집, 난 종류만 따로 취급하는 꽃집 등 여러 가지 형태가 있으나 일반적으로 종합적인 품목을 판매하는 곳이 80% 이상 된다. 품목별 매출액은 절화상품인 경조화환이 32.5%, 꽃바구니가 25.4%, 관엽식물이 19.3%, 동서양란이 14.8% 정도이다(표 1-2).

이들 상품은 대부분이 업무용으로 이용된다는 공통점이 있으며, 이런 특성은 외국에서처럼 장미전문점, 희귀 꽃 판매점, 가정용 상품 전문점 등 취미나 애호가들만을 대상으로 하거나 수요층을 국한

〈표 1-2. 꽃집의 품목별 판매액 비율(2002)〉

품목		판매액 비율
절화상품	꽃다발	6.70%
	박스플라워	0.20%
	꽃바구니	25.4%
	축하화환	12.1%
	근조화환	20.4%
	영정화	0.07%
관엽식물		19.3%
난	동양란	5.9%
	서양란	8.9%
분경, 분재		0.09%
기타		0.94%
합계		100%

* 광역시에 있는 꽃집 10군데의 매출일지를 대상으로 하여 2001년 6-7월 사이의 매출액을 조사한 것이다.

한 꽃집의 등장을 어렵게 하는 요인으로 작용하고 있다. 따라서 앞으로도 업무용 외의 가정용 절화나 야생화 등 특정 품목만을 판매하는 전문점의 경영은 수익 측면에서 쉽지 않을 것으로 생각된다.

온라인 꽃집

꽃 전문 온라인업체는 업무용보다는 꽃바구니, 박스플라워, 꽃다발 등 사랑의 선물용으로 많이 이용되는 상품의 판매율이 높아 오프

(표 1-3. 꽃 판매 전문 온라인업체의 품목별 판매 비율)

<table>
<tr><th colspan="2">품목</th><th>판매액 비율</th></tr>
<tr><td rowspan="6">절화상품</td><td>꽃다발</td><td>20.7%</td></tr>
<tr><td>박스플라워</td><td>23.5%</td></tr>
<tr><td>꽃바구니</td><td>37.0%</td></tr>
<tr><td>축하화환</td><td>2.9%</td></tr>
<tr><td>근조화환</td><td>3.1%</td></tr>
<tr><td>영정화</td><td>0.4%</td></tr>
<tr><td colspan="2">관엽식물</td><td>3.4%</td></tr>
<tr><td rowspan="2">난</td><td>동양란</td><td>4.1%</td></tr>
<tr><td>서양란</td><td>1.7%</td></tr>
<tr><td colspan="2">분경, 분재</td><td>1.4%</td></tr>
<tr><td colspan="2">기타</td><td>1.8%</td></tr>
<tr><td colspan="2">합계</td><td>100%</td></tr>
</table>

* 2000년 이전에 설립된 꽃배달 전문 온라인업체 5군데의 2001년도 매출일지 자료를 대상으로 조사한 결과이다.

라인 꽃집 판매상품 비율과 다소 차이를 보이고 있다(표 1-3). 또 온라인에서 판매되는 품목들은 꽃과 함께 와인, 케이크, 인형 등 다른 상품들이 함께 판매되는 비율이 높은 실정이다. 이러한 점은 꽃의 판매방식뿐만 아니라 꽃의 일상화 가능성, 꽃과 꽃 외 상품의 연계판매 가능성을 높여 주고 있다. 그런 점에서 이 방법을 적극 도입해 활용한다면 판매상품의 종류를 다양화함으로써 매출 향상도 꾀할 수 있을 것으로 생각된다.

판매방식

오프라인 꽃집

전통적인 꽃집으로서 전체 꽃 판매량의 90% 이상을 담당하고 있다. 오프라인 꽃집에서의 꽃 판매는 시내 번화가에서 꽃다발 위주로 판매하는 생화점을 제외하고는 대부분 통신주문(전화, 인터넷 등)에 의한 판매액이 70-80%에 이르고 있다. 최근에는 오프라인 꽃집에서도 홈페이지 등을 개설하여 꽃집의 홍보는 물론 주문과 결제까지 할 수 있도록 하고 있으나 다수의 꽃집에서는 홈페이지 관리부족 등으로 제 기능을 발휘하지 못하는 곳이 많다.

그러나 온라인 판매를 활성화하고 있는 꽃집에서는 온라인 매출액이 오프라인 매출을 넘어설 정도로 급속히 증가하고 있다. 또 온라

〈표 1-4. 어느 온라인 업체의 2001년 3월에 판매된 꽃 상품의 용도 및 주문자별 비율〉

구분	용도					합계
	화이트데이	생일축하	애정표현	결혼기념일축하	승진, 퇴임	
판매 건수별 비율 (%)	48.3	24.1	13.8	7.0	6.8	64.87
구매자의 남녀 성비율(%)	92.9:7.1	72.3:27.7	92.6:7.4	78.2:21.8	100:0	

인의 고객층은 젊은층이며, 판매품목은 표 1-4와 같이 선물용 비중이 높아 주 고객이 중 · 장년층이고 업무용 판매가 많은 기존의 꽃집과는 차이를 보이고 있다. 따라서 앞으로도 온라인을 활성화하고 있는 꽃집에서 매출액이 더욱 더 증가할 것으로 예상된다.

온라인 꽃집

인터넷에 사이트를 개설하여 상품 사진을 보여주면서 수발주를 하는 곳인데, 운영자 대부분이 꽃보다는 인터넷 관련업체에 종사했던 사람들로 인터넷에 많은 지식을 갖고 있는 사람들이다. 판매방식은 인터넷상에서 고객으로부터 수주를 한 다음 일정액의 마진을 남기고 오프라인 꽃집에 발주를 하는 체계로 운영하고 있다. 그 때문에 가격은 오프라인 꽃집에서 판매하는 것보다 다소 비싸게 판매되고 있으며, 운영자 가운데 상품을 직접 제작할 수 있는 능력을 가진 사람이 많지 않다. 현재 오프라인 꽃집 없이 온라인으로만 운영하는 사이트는 100여 개가 있는데, 오프라인 꽃집에서 온라인 진출이 증가함에 따라 경쟁이 치열해질 것으로 예상된다.

수익률

경기부진, 소매업체의 증가로 대부분의 업종이 어려움을 겪고 있는 만큼 꽃집도 예외는 아니다. 꽃집의 매출액은 현재 광역시의 경우 월 5천만 원, 서울의 경우 월 1억 원이 넘는 꽃집도 다수 있지만 1인당 노동 생산성은 전체적으로 낮은 실정이다.

이업종과의 업무 제휴

꽃은 꽃집에서만 파는 것이 아니라 온라인업체, 카드사, 우체국, 홈쇼핑업체, 은행 등 다양한 업체나 방식으로 판매되고 있다. 이것은 꽃 이외의 업종과 꽃집 간의 업무제휴로 꽃집 외의 기관에서 꽃 주문을 맡은 후 일정액의 마진을 남기고 상품 제작과 배달은 꽃집에 위탁하는 체계이다. 꽃집 외의 기관에서는 꽃집에서 쉽게 제공하기 어려운 홍보, 결제방법 등 다양한 메리트를 활용하여 꽃 주문을 받고 있으며, 주문량이 적은 개인 고객이 아닌 주문량이 많은 소수 고객을 상대한다는 점에서 업무 제휴가 점차 증가될 것으로 생각된다.

꽃집이 변하고 있다

꽃집은 ① 소비자의 연령이 낮아지고 구매자의 욕구가 다양화됨에 따라 ② 꽃집 간에 경쟁이 치열해짐에 따라 ③ 원예학이나 플라워디자인을 체계적으로 배운 사람들이 많이 진출함에 따라 ④ 인터넷의 발달 등 유통환경의 변화 등에 따라 취급상품이나 판매방식, 서비스 등에 차이가 별로 없었던 과거와는 달리 꽃집의 유형, 판매방식, 판매품목 측면들이 크게 변하고 있다.

꽃집 유형

전국적인 영업망을 갖춘 프랜차이즈 형태의 꽃집이 등장하면서 기술 위주의 전문점, 상품과 가격 위주의 규모화 된 꽃집 등으로 다양화되고 있다. 최근에는 부유층이나 연예인들을 대상으로 꽃다발 1개에 5만 원 이상 하는 고가점, 꽃바구니의 경우 15만 원부터 판매하는 명품점, 영국이나 프랑스계 등 외국계 꽃집 등이 진출해 있다.

판매방식

전통적인 대면판매(방문 구매)의 비율이 낮아지는 대신, 전화 주문, 인터넷 주문에 의한 판매가 증가하고 있으며, 결제 방식도 카드, 전화요금에 합산되는 방법 등이 나타나고 있다.

판매품목

용도 측면에서 업무용 위주에서 벗어나 일상용이 증가하고 있으며 내용 측면에서는 서구식의 전통적인 스타일, 유러피언 스타일 등 다양한 스타일과 기법으로 제작한 상품이 판매되고 있다. 또 과거 수량 위주의 상품에서 점차 벗어나 디자이너의 디자인 수준에 따라 상품 가격이 결정되는 시대를 맞이하고 있으며, 꽃 외의 상품도 꽃과 함께 판매되는 비율이 높아지고 있다.

2

꽃집 업무 배우기

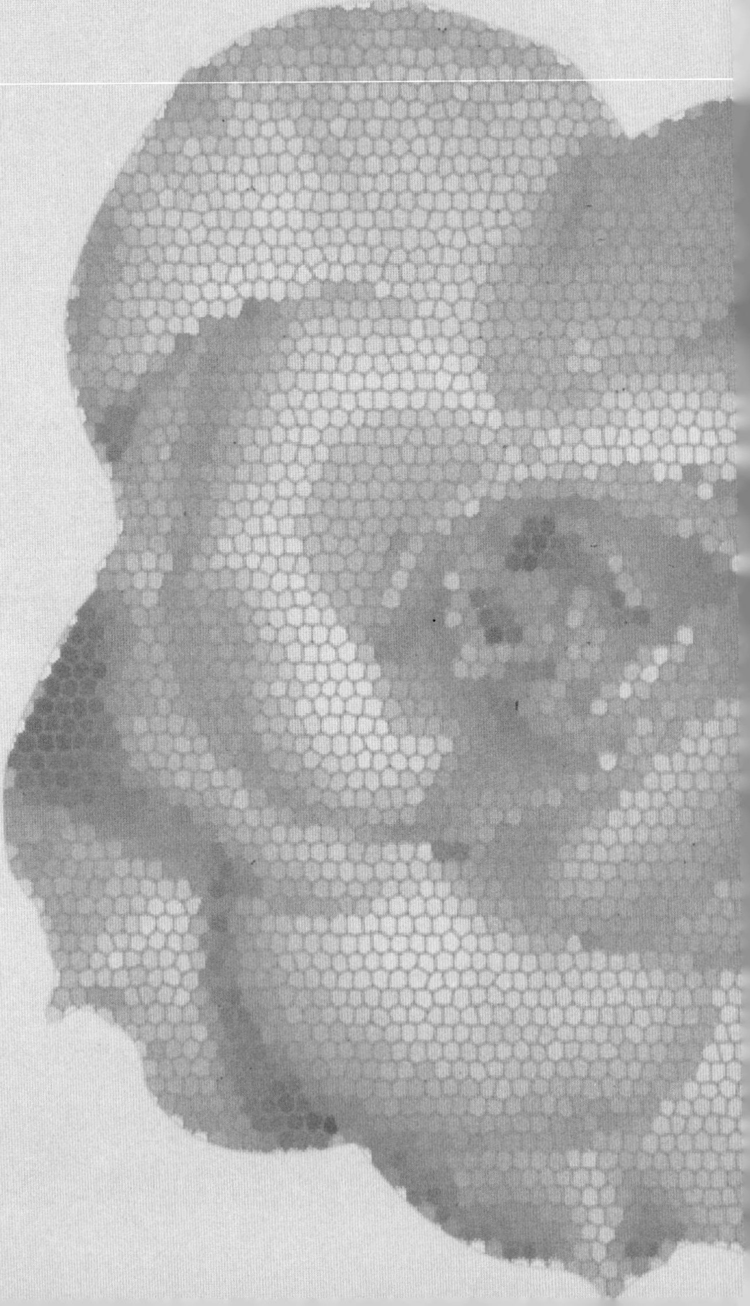

꽃집 업무라 하면 대부분의 사람들이 꽃을 구입해서 상품을 제작 판매하는 것 정도로만 알고 있다. 이 같은 생각은 꽃집 창업을 준비하고 있는 분들도 다를 바 없는데, 실상 꽃집의 업무는 그보다 훨씬 광범위하고 업무 내용에 따라 비중 차이도 크다. 따라서 업무 파악을 한 다음 대응책을 마련해야 하는데 자본이 많고 규모가 큰 꽃집의 경우 각 분야별 전문가를 고용하여 업무를 전담시킬 수 있다. 하지만 소규모 꽃집에서는 경영주가 모든 업무를 수행해야 하는 경우가 많으므로 수업이나 연수, 독학을 통해서라도 기본적인 업무를 익혀 두어야만 한다. 다음은 창업 전 업무 파악을 해 둘 때 얻을 수 있는 좋은 점들이다.

* 창업을 위해 플라워디자인이나 상품 관리지식 등을 배우면, 업무에 꼭 필요한 것 위주로 배울 수 있어 시간과 경비를 절약할 수 있다.

* 창업 전에 꽃집 경영에 필요한 업무를 익혀 두거나 대응책을 마련해 두면 창업 후에 발생하는 시행착오를 줄일 수가 있다.

* 창업 계획을 세울 때 자신의 상황과 목표와의 접점을 쉽게 찾을 수 있다.

취급 상품의 작업과정별 주요 업무

절화

절화 상품은 절화 상태 그대로 판매하는 비율이 극히 낮다(표 2-1). 보통 그림 2-1과 같은 과정을 거쳐 납품이 되는데, 이 과정에서 이름과 종류별 특성을 파악, 구매, 손질, 신선도 유지 외에 꽃바구니, 꽃다발, 화환 등으로 제작하고 포장하는 디자인 과정이 필요하다. 이 중 플라워디자인은 절화 상품을 취급할 때 반드시 필요할 만큼 중요하고, 하루아침에 쉽게 익힐 수 있는 것이 아니기 때문에 창업 전에 반드시 익혀 두는 것이 좋다.

(표 2-1. 일반적인 유형의 꽃집에서 절화의 최종적인 판매형태별 비율(매출액 비율))

품목	비율 (%)
꽃바구니	39.1
근조화환	30.8
축하화환	18.6
꽃다발	9.6
기타	1.9
합계	100

관엽식물 및 동서양란

관엽식물 및 동서양란은 재료 상태의 절화를 꽃다발, 꽃바구니,

(그림 2-1. 절화의 구매에서 납품까지의 작업과정과 주요 업무)

작업과정	주요업무
구 매	꽃 이름, 원산지, 좋고 나쁜 꽃 구별, 가격 변화, 구색, 적정량 구매, 시장 및 거래처별 특성
↓	
손질, 물 올리기	절화의 종류별 손질 요령, 물 올리기 원리, 종류별 생리 특성
↓	
신선도 유지	꽃 종류별 생리 특성, 신선도 유지 이론, 저장 생리, 꽃 냉장고의 활용법
↓	
접객, 수발주	꽃 문화(꽃말, 꽃 이용법), 유통구조, 가격설정, 상품제안, 컴퓨터 활용, 인터넷, 견적서 작성, 주문 접수증과 인수증 작성, 시방서 작성
↓	
상품 제작, 포장, 리본	꽃다발, 꽃바구니, 경조화환, 웨딩부케 등 각 상품의 제작과 연출, 포장, 글씨, 연출 능력
↓	
배 달	상품의 안전대책, 배달체계 이해, 배달의 상품화 방안
↓	
납 품	홍보, 배치, 배달 통보, 인터넷 활용

화환 등으로 제작하는 절화 상품과는 달리 분식물을 구입 후 간단하게 포장만 하거나 분갈이 후 판매하기 때문에 이름, 관리와 상담을 위한 종류별 특성과 관리 지식에 대한 업무 비중이 크다. 구매에서 납품까지의 작업과정별 주요 업무는 그림 2-2와 같다.

(그림 2-2. 관엽식물 및 동서양란의 구매에서 납품까지의 작업과정과 주요 업무)

작 업 과 정	주 요 업 무
구 매 ↓	식물이름, 좋고 나쁜 꽃 구별, 가격 변화, 구색과 적정량, 시장 및 거래처별 특성파악
분갈이, 진열 ↓	식물과 분의 조합, 식물의 생리 특성에 맞는 진열(특히 광적응성)
관리 ↓	종류별 생리 특성에 맞는 광, 온도, 수분, 영양 관리, 병충해 관리
접객, 수발주 ↓	용도에 맞는 종류 제안, 고객의 기호도 파악, 이용법 상담, 유통구조, 가격 설정, 상품 제안, 컴퓨터 및 인터넷 활용, 견적서 작성, 시방서 작성
분갈이, 포장 ↓	용도에 맞는 연출, 포장, 글씨, 연출 능력
리본, 글씨 ↓	리본 접는 법, 리본 글씨, 리본 글씨 프린터용 컴퓨터
배 달 ↓	상품의 안전 대책, 배달체계 이해
납 품 ↓	홍보, 배치, 배달 통보, 인터넷 활용
재 고 관 리	재생, 유인, 전정, 등 재배 관리

경영 관련 업무

꽃집의 업무는 취급하는 상품에 따라서 작업 과정에 다소 차이가 있다. 하지만 경영 측면에서는 최대의 이익을 지속적으로 내려는 목표달성이라는 공통점이 있다. 다음은 경영주의 관점에서 공통적으로 적용되는 주요 업무이므로 창업에 뜻이 있다면 관심을 갖고 공부를 해 두는 것이 좋다.

사무 관리

수발주업무(주문접수증 작성, 인수증 작성), 견적서, 시방서, 매입, 매출기록, 업무일지 작성, 일정표 작성과 업무점검

매출 관리

매일의 매출내역 작성 및 분석, 매출증감 대책 및 분석, 상품별 및 고객별 매출분석과 대응책 마련

유통구조 파악

상품별 유통 체계, 위탁 체계, 통신배달 체계, 체인 체계 및 꽃집

유형별 특성과 상품의 소비구조 파악

고객개발과 관리

꽃집의 홍보 및 판촉, 접객서비스, 고객카드 작성과 활용, 고객관리 프로그램의 활용과 관리

판매방식별 업무

꽃집

꽃집에서는 상품의 구매에서부터 접객, 제작, 배달 또는 수발주 업무까지 직접 해야 하기 때문에 이와 관련된 업무 능력을 습득해야 한다. 또 최근에는 인터넷을 통한 주문, 발주, 결제, 리본 글씨 프린터 및 고객관리 등 컴퓨터의 활용도 두드러지고 있는 만큼 이를 운용하는 능력도 익혀 두어야 한다.

온라인업체

온라인업체는 오프라인업체와는 다소 차이가 있다. 즉 상품을 구비해 놓고 판매하는 것이 아니라 주문을 받은 후 꽃집으로 발주를

하기 때문에 상품 제작에 대한 직접적인 기술은 필요하지 않다. 그러나 주문을 받고 상담을 하기 위해서 기초적인 지식 정도는 알아야만 한다. 더불어 인터넷상에서 홍보하고 주문을 받고 다시 발주하기 때문에 이와 관련된 업무 지식을 습득해 두어야 한다.

상품의 구성

꽃집에서 상품 구성은 꽃집 유형, 위치, 매출과 깊은 관련이 있다. 꽃집 유형과 위치에 따라 잘 판매되는 상품에 차이가 있으므로 이를 염두에 둔 상품 구성을 해야 하는 것이다. 상품 구성이 잘못되면, 막상 고객이 찾는 상품이 없어서 팔고 싶어도 못 팔고 없는 것이 더 많은 꽃집이라는 나쁜 인식이 심어지며, 이것은 곧바로 고객과 매출 감소로 이어진다. 그렇다고 무작정 이것저것 많은 상품을 구성해 놓으면 자본만 많이 들고 점포가 비좁아진다. 그 결과 다른 상품의 품질이나 생육에 나쁜 영향을 미치며, 회전율이 낮은 것은 재고 발생률까지 높아진다. 따라서 상품 구성은 창업 이전부터 철저하게 조사하고 공부한 다음 꽃집의 유형과 운영 방향에 맞춰 하는 것이 좋다.

꽃집의 상품

꽃집의 상품은 꽃과 식물이 전부이지만, 이들 각각은 종류, 이용 방법, 판매장과 배달 유무 등에 따라 다양하게 구분이 되고 고유의 특성이 있으므로 상품 구성시에는 이를 고려해야 한다.

꽃의 종류에 따른 상품

꽃집의 상품을 꽃의 종류에 따라 구분하면 절화, 관엽식물과 분화류, 난류, 선인장, 허브, 기타가 있다. 절화는 줄기에서 잘리어진 꽃으로 업계 일부에서는 생화라고도 한다. 관엽식물은 잎을 관상하는 식물로 업무용으로 많이 이용되며, 분화류는 꽃이 피는 식물로 가정용으로 많이 이용된다. 난류는 동양란과 서양란으로 구분되며 업무용으로 많이 이용된다. 이 외에 선인장, 허브, 조화 상품, 화목류, 드라이플라워 등이 있는데 일반 꽃집에서의 취급 비율은 비교적 적은 편이다.

이용 형태별 상품

꽃이나 식물의 이용 · 판매에 관련된 것으로 절화는 그 자체로 판매되는 양은 미미하며 주로 포장, 디자인 등의 기술력이 더해져 이용된다. 절화를 이용한 것에는 꽃다발, 경조화환, 꽃바구니, 꽃목걸이, 꽃박스, 하트장식이 주요 상품이다.

관엽식물, 분화류 및 난 종류는 화분갈이나 포장 외에는 특별한 가공 없이 판매되는 종류이다. 하지만 관엽식물 소품이나 목본류 등은 수경재배식물, 분재, 분경 등으로 만들어져 판매되고 있는 실정이다.

외판 상품과 배달 상품

꽃집의 상품에는 외판 상품과 배달 상품이 있다. 외판 상품은 결혼식이나 호텔 꽃 장식처럼 꽃을 가지고 가 현장에서 장식하는 것으로 기술 위주의 상품이고 배달 상품은 대부분 전화나 인터넷 등으로 주문 받아 배달을 하는 상품이다. 따라서 외판 및 배달 상품은 영업 범위가 넓고 임대료가 비싼 번화가가 아닌 곳에서도 얼마든지 매출 확대가 가능한 것들이다.

원예 관련 자재

꽃을 다루는 데 필요한 가위, 꽃병, 포장지, 리본과 가정원예에 필요한 분무기, 농약, 용기, 용토 등이 있는데 꽃집의 매출에는 큰 영향을 미치지 못하고 있다.

꽃 외의 상품

꽃집은 꽃을 팔기 때문에 꽃집이다. 그러나 꽃집은 꽃을 판매하는 것이 목적이 아니라 비즈니스 장소로서 꽃을 판매하고 있기 때문에 꽃 외의 것도 꽃집의 상품이 될 수 있으며, 실제로 꽃집에 따라서는 꽃과 함께 다른 상품도 판매하고 있는 실정이다.

상품의 구성 방향

꽃집을 개업해서 어떤 상품을 팔 것인가는 매장의 위치, 판매 방식과 밀접한 관련이 있으므로 이와 관련시켜 구성해야 한다.

꽃집의 취급 상품별 유형과 상품

우리나라 꽃집에서 판매 품목은 영업 형태에 따라서 화분 위주로 운영하는 곳, 꽃다발 등 절화 위주의 생화전문점, 난 종류만 따로 취급하는 꽃집 등 여러 가지 형태가 있으나 일반적으로 종합적인 품목을 판매하는 곳이 80% 이상 된다. 종합적인 품목을 파는 꽃집 10군데의 매출내역을 품목별로 조사한 결과, 표 2-2와 같이 절화상품이 64.9%, 관엽식물이 19.3%, 난이 14.8%, 기타가 1.0%였다. 따라서 복합매장을 창업할 경우는 이러한 표 등을 참조한 다음 주 고객층의

〈표 2-2. 꽃집의 품목별 매출 비율〉

구분	품목	매출비율 (시장점유율)	합계비율
절화	꽃다발	6.90%	64.87%
	꽃바구니	25.40%	
	축하화환	12.10%	
	근조화환	20.40%	
	영정용바구니	0.07%	
관엽식물	관엽식물	19.30%	19.3%
난	동양란	5.90%	14.8%
	서양란	8.90%	
분경, 분재	분경	0.09%	0.09%
	분재		
기타	선인장, 소품 등	0.94%	0.94%
	기타(오픈하트 등)		
합계		100%	100%

* 허북구 등, 한국화훼연구회지 10(2):103-108, 2002 에서 인용

상황에 따라 상품 구성을 하는 게 좋다.

꽃집의 소재지 및 위치와 상품

꽃집이 어느 지역에 그리고 어느 위치에 있는가에 따라 꽃의 소비 환경과 매장의 임차료 등이 달라지기 때문에 상품을 구성할 때는 반드시 이를 고려하여야 한다.

》 꽃집의 소재지

* 지방의 꽃집

꽃집이 지방에 위치한 경우는 임차료 등이 싼 편이기 때문에 다양한 상품을 구비해도 매장 생산성이 크게 떨어지지 않는다. 또 비닐하우스 형태의 매장도 짓기 쉬운데, 비닐하우스형 매장은 광이 충분하고 관수, 온도 관리가 쉬워 관엽식물이나 난 등의 분식물 상품의 재고율도 낮게 된다. 꽃의 소비는 기념일용, 업무용 수요가 많고, 상품은 디자인보다 부피가 큰 것이 다소 선호된다. 따라서 지방의 꽃집에서는 업무용 위주로 소비되므로 부피가 큰 양 위주의 상품으로 구색을 갖추는 게 좋다.

* 대도시의 꽃집

꽃집이 대도시에 위치한 경우는 임차료 등이 비싸고 공간도 좁아 많은 상품을 구비하면 생산성이 떨어지기 쉽고 재고 발생률이 많아진다. 그러므로 수요가 많고 단가가 비싼 품목 가운데 빠른 시간 안에 팔 수 있는 상품 구성이 필요하다.

꽃의 소비가 상당히 일상화된 지역이라 일상용 수요와 업무용 수요가 공존하는 만큼, 상품도 양보다 질을 추구하는 경향이 강하므로 이에 맞는 상품 구성을 하는 게 좋다.

》 꽃집의 위치

꽃집이 시내 상권 중심지, 주택가, 대로변 등 어디에 위치해 있는가에 따라 소비 환경이 달라지므로 이를 고려하여 상품 구성을 해야 한다.

＊ 시내 중심가 지역

상업공간이나 사무실이 많아 유동고객이 많고, 그에 따라 꽃 소비도 많은 지역이다. 꽃다발, 꽃바구니, 100송이 장미꽃, 박스플라워 등 다양한 절화상품과 함께 난, 관엽식물, 분재 같은 사랑의 선물용, 업무용 상품이 복합적으로 소비되는데 비해 매장의 임차료는 비싼 편이라 좁은 면적에서 생화만 전문적으로 판매하는 전문점도 많다. 따라서 상품 구성은 전문점의 경우 전문 품목을 갖춰놓고 복합매장의 경우도 가능한 상업 공간이나 사무실에 장식하기 좋은 것으로 회전이 잘되고 비싼 품목 위주로 구성하는 게 생산성을 높일 수 있다.

한편, 시내 중심가는 꽃 수요가 많기 때문에 꽃집의 밀도도 높다. 꽃집의 밀도가 높다는 것은 고객 입장에서 꽃집 간의 상품 비교를 쉽게 할 수 있으므로 상품의 구성과 질에 더욱 신경을 써서 구성해야 한다. 특히 포장기술은 상품의 종류 못지않게 상품의 판매를 좌우하므로 이를 감안하여야 한다.

시내 중심가에서도 사무실이 밀집해 있는 곳은 업무용 수요가 많으므로 그에 맞는 상품 구성을 하는 게 좋다. 그림 2-3은 꽃을 업무용으로 많이 구매하는 어느 회사의 품목별 구매내역을 조사한 것인

〈그림 2-3. 월 평균 200만 원 이상을 구매하는 회사의 품목별 구매액 비율(구매 건수 비율)〉

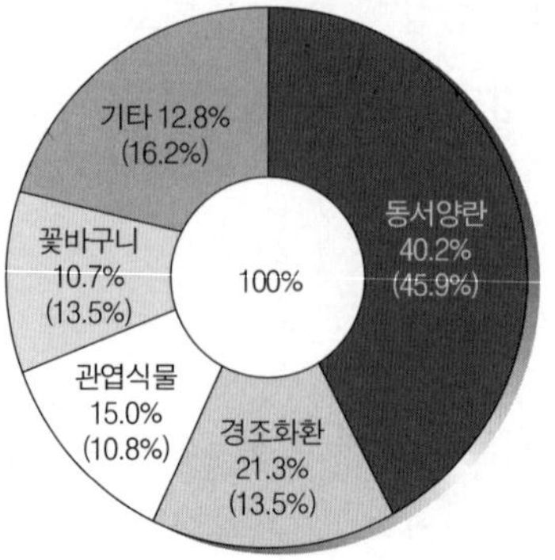

데 동서양란, 경조화환, 관엽식물, 꽃바구니의 구매 비율이 높은 것으로 나타났다. 따라서 같은 시내라도 상가가 많은 곳, 사무실이 많은 곳 등 각각의 지리적 특성에 맞는 상품 구성을 해야 한다.

* 주택가 및 아파트 지역

절화 상품은 주로 가정용의 값이 싼 꽃이나 꽃다발 형태로 많이 소비되지만 전체적인 양은 작으므로 품목 비중을 낮추는 게 좋다. 관엽식물은 소 · 중품이나 덩굴류가 많이 판매되며, 화목류는 철쭉, 서향 등 계절상품이 많이 판매된다. 분화류는 제라늄, 시클라멘, 칼랑코에, 초롱꽃, 베고니아, 아프리칸바이올렛, 허브 등이 많이 소비되므로 가격이 싸고 꽃이 예쁘게 피는 것 위주로 구색을 갖추는 게 좋다. 이 외에 분무기, 용토 등 가정원예용품도 준비를 해두어야 한다.

＊ 대로변 및 시 외곽 지역

대로변과 시 외곽 지역은 차량으로 움직이는 사람이 많으므로 크기나 모양, 색깔 측면에서 눈에 띄는 관상수나 관엽식물 비중을 높이는 것이 좋다. 또 근조화환 등을 꽂아서 진열해 놓으면 의외로 지나가는 차량이 멈춰서 주문하는 경우가 많으므로 대응책이 필요하다. 절화 상품은 위치상 생화 구매 고객이 적으므로 비중을 낮추는 게 좋다.

임차료가 싼 편이라 대체적으로 면적이 넓고 주차공간도 마련된 경우가 많아 차를 타고 구매하는 사람이 차분히 구매할 수 있으므로 가정용이나 업무용 상품의 종류를 다양하게 구성하는 게 좋다. 구매 고객 비율이 시내 중심지에 위치해 있는 곳보다 적으므로 외판 상품이나 배달 상품의 개발에도 힘써야 할 것이다.

＊ 기타

대학가는 꽃다발 및 소품 위주로 구성하는 게 좋고, 산부인과 근처에는 과일꽃바구니 위주로 구성하는 게 좋다. 또 슈퍼마켓 안이나 백화점 내의 꽃집은 난, 소 · 중품 위주의 분식물과 팬시풍의 상품, 조화, 고급스러운 소품들로, 관공서나 회사 부근은 중 · 대품의 분식물, 분재, 꽃다발, 꽃바구니 등으로, 영안실 앞에는 장의용 꽃 위주로 구성하는 것이 좋다. 이처럼 꽃집의 위치는 상품과 밀접한 관련이 있으므로 창업시는 이를 감안하여 판매 품목 계획을 세워야 한다.

판매방법과 상품

》 대면판매

방문구매 고객 위주로 상품을 판매하는 꽃집의 상품 구성은 꽃집의 위치와 유형, 방문하는 고객층에 의해 많이 좌우된다. 고객이 매장을 직접 방문하여 구매하기 때문에 상품의 종류와 질이 다양해 선택의 폭을 넓혀 주어야 한다. 분식물은 꽃집 유형이나 위치에 맞는 품목으로 풍부하게 구비해 놓고 절화는 상황에 따라 꽃다발, 꽃바구니 등 일부 상품을 제작해 놓는다. 아울러 절화의 각 상품별 사진을 매장 내에 부착하거나 카탈로그를 마련해 두어 완성된 상품을 보고 선택할 수 있게 한다.

》 통신판매

통신주문 고객은 매장을 방문한 것이 계기가 되어 전화를 하는 경우와 홍보물을 통해 전화주문을 하는 등 구매 계기가 다르다. 그러나 주문시는 상품을 직접 보지 않는 상태에서 주문을 하게 되므로 고객과 주문을 받는 꽃집 간에 커뮤니케이션이 잘 안 되는 경우가 있다. 그러므로 통신주문을 쉽게 할 수 있는 상품카탈로그의 준비와 배포가 필수적이다. 통신주문을 위한 상품카탈로그에는 상품의 종류를 단순화시키고 저가상품은 배제하는 것이 좋다. 통신주문을 하는 경우는 상품의 종류보다 가격이 중요시되는 업무용 수요가 많은데 많은 종류의 상품을 게재해 놓으면 고객이 선뜻 결정하지 못하고 상담 시간만 길어지기 때문이다. 또 통신주문 상품은 대부분 배달을 해야 되는데, 상품 가격이 너무 낮을 경우 마진은 물론 배달비 자체가 나오지 않기 때문이다.

한편, 통신배달용 카탈로그를 배포한 후에는 같은 카탈로그를 전화기 옆에 두어 주문이나 상담 전화가 올 때 카탈로그를 활용하도록 한다. 이때 카탈로그는 자주 바꾸지 않는 것이 좋다. 자주 바꾸게 되면 주문을 받는 사람 입장에서 고객이 어떤 카탈로그를 놓고 이야기하는지 혼동을 일으킬 수 있기 때문이다.

》 사이버판매

인터넷상에 쇼핑몰(홈페이지)을 개설하여 상품을 판매하는 방식이기 때문에 소비자들은 사진만 보고 물건을 구입하는 형태이다. 그러므로 상품 구성은 사진으로 해야 하는데 인터넷 특성상 많은 상품을 게재해도 비용이 크게 들지 않기 때문에 자칫 많은 상품을 게재할 수 있다. 그런데 문제는 주문을 받은 다음 다시 다른 꽃집에 배달을 위탁해야 되는 경우가 많다. 그렇게 되면 배달할 꽃집에 상품이 있어야 하고 가격 조건도 맞아야 되는데 현실적으로 어려운 실정이다. 이러한 점을 고려할 때 인터넷 사이트의 상품 구성은 사이버구매를 하는 주 고객층과 그들이 주로 구입하는 품목을 명확히 하여 설정하는 게 좋다. 그런 의미에서 온라인업체 몇 군데의 품목별 매출내역을 조사한 결과 꽃바구니, 박스플라워, 꽃다발의 비율이 높아 업무용 판매 비율이 높은 꽃집과는 차이를 보였다. 꽃바구니, 박스플라워, 꽃다발 등 사랑의 선물용으로 이용되는 상품의 판매 비율이 높은 것은 온라인상에서 꽃을 구입하는 주 고객층이 20-30대 임을 의미하며 실제로 그들의 비율이 높았다. 그러므로 상품의 구성은 4만 원 이상대의 업무용 상품으로 각 꽃집에서 수용할 수 있는 다양한 상품으로 구성하되 젊은층의 감각과 용도에 맞는 상품으로 구성하는 것이 좋다. 그런데 이 경우 문제가 되는 것은 젊은층을 겨냥하여 용도에 맞는 상품을 특색 있게 구성하려 해도 꽃집에서 소화를 하지 못하게 되고, 기존의 상품으로 구성하게 되면 다른 꽃집이나 온라인업체와 차별화가 되지 않는다는 점이다.

이러한 문제점에 대한 대안은 상품의 이미지 사진에 차별화를 두는 것과 함께 꽃 외의 상품을 꽃과 함께 구성하는 방법을 생각해 볼 수 있다. 즉 온라인에서 주문을 받은 다음 꽃 이외의 상품을 꽃집으로 보내 주어 꽃집에서 상품과 꽃을 함께 배달해 줄 수 있도록 하거나 꽃 외의 상품을 꽃집에서 직접 구입하여 꽃과 함께 배달해 주도록 하는 것이다.

표 2-3은 어느 인터넷업체에서 꽃을 기본으로 하여 몇 가지 상품을 추가하여 주문을 받아 판매한 결과인데, 꽃만 판매된 비율보다 꽃+꽃 외의 상품이 조합된 상품의 판매 비율이 높았다. 따라서 온라인 판매시 상품 구성은 ① 다양한 상품으로 구성하되 전국의 꽃집에서 배달 가능한 상품으로 한다. ② 꽃집에서 제작이 가능한 꽃+꽃 외의 상품 등을 개발하여 제안한다. ③ 상품 사진은 이미지가 좋고 실제 상품과 동일한 것으로 구성한다. ④ 상품 사진은 전문 사진가에게 의뢰해서라도 제대로 연출한다.

〈표 2-3. 어느 온라인업체에서 2001년 3월에 판매된 상품별 판매 건수 및 판매액 비율〉

품목	추가 품목	판매 건수 비율		판매액 비율
꽃다발	꽃다발	3.5%	10.2%	7.0%
	꽃다발+사탕	6.7%		
꽃박스	꽃박스	7.1%	38.5%	36.5%
	꽃박스+사탕	27.5%		
	꽃박스+케익	3.4%		
꽃바구니	꽃바구니	14.0%	44.9%	44.5%
	꽃바구니+삼페인	3.5%		
	꽃바구니+케익	3.7%		
	꽃바구니+케익+사탕	3.3%		
	꽃바구니+사탕	17.2%		
	꽃바구니+인형	3.2%		
동양란	동양란	3.7%		5.9%
축하3단	축하3단	3.2%		6.1%
합계		100%		

가격과 상품

고객이 상품을 선택할 때는 가격도 중요한 영향을 미치므로 이를 고려하여 상품을 구성한다. 가격대는 가능한 다양하게 구성하는 것이 좋지만 잘 팔리는 가격대 상품과 안 팔리는 가격대의 상품을 구별하지 않고 구성해 놓으면 잘 팔리는 가격대의 상품은 부족하기 쉽고 안 팔리는 가격대의 상품은 재고가 나기 쉽다. 그러므로 창업 초기에는 다양한 가격대의 상품으로 구성한 다음 일정 시기가 지나 잘 팔리는 가격대의 상품이 파악되면 그 상품의 비중을 높이는 것이 좋다.

꽃집의 규모와 상품

꽃집 규모가 작으면 상품을 많이 갖춰 놓고 싶어도 어려우므로 잘 팔려 회전율이 빠른 것 위주로 구성한다. 일반적으로 5평 미만의 소규모 점포는 유동인구가 많은 지역의 경우 생화 위주로 구성하는 게 좋고, 통행량이 적은 외곽 지대의 경우 통신판매 비중을 높이는 게 좋다.

상품의 개발

꽃집에서 상품을 개발하는 것은 고객층과 구매액의 다양화, 매출액 향상, 매장과 인력의 생산성 향상 등과 관련이 있으므로 적극적으로 개발하고 활용하는 게 좋다.

꽃 상품

》 절화 상품

상품 개발에는 상품의 질을 높이는 것, 종류를 확대하는 것 외에 자신의 꽃집을 알리고, 고객을 끌어들이고, 매출을 증가시키기 위한 전략 개발 측면에서 생각할 수 있다. 상품의 질을 높이기 위해서는 끊임없이 좋은 상품을 제작할 수 있는 디자인 능력을 키우고 활용해야 한다.

상품의 종류 확대는 막 창업한 꽃집에서 우선적으로 필요한 꽃다발, 꽃바구니, 경조화환 등의 품목 위주로 하다가 점차 확대해 꽃목걸이, 웨딩부케, 하트장식, 365송이 장미 연출, 웨딩카 장식 등으로 다양화한다.

전략 상품으로는 장미 1송이 등 저가 상품은 원가나 원가 이하의 저가로 판매하여 미끼 상품으로 활용하는 방법도 생각해 볼 수 있다. 꽃집의 존재를 뚜렷이 부각시키기 위해서는 화제가 되고 있는 상품, 초대형의 특이한 상품, 고 난이도의 디자인이 필요한 기술 상품, 화제성이 높은 배달 방법, 비수기에 특별 상품의 대량 할인판매를 활용하는 방법도 있다.

》 분식물

분식물에는 관엽식물, 난, 분화류, 선인장, 허브 등이 있는데, 이들 상품의 개발은 크게 두 가지 측면에서 생각할 수 있다. 하나는 식재 방법이나 장식분의 활용에 의해 부가가치를 높이는 방법이다. 화분 식물의 경우 같은 종류나 다른 종류를 모아 심는 것에 의해 다양하게 연출하는 것이 가능하고 상품 가치도 높일 수 있다. 또 같은 사람이라도 옷을 달리 입었을 때 분위기가 달라지듯 같은 식물이라도 심는 화분에 따라 가치가 달라져 보인다. 그러므로 식재 방법이나 장식분의 활용과 더불어 포장의 활용에 의해서도 상품의 폭을 넓힐 수 있다.

다른 하나는 팔릴 가능성은 크지만 재고의 우려 때문에 갖춰 놓지 못한 상품을 구입해 놓는 것이다. 즉 재고의 우려가 있더라도 상품을 구입해 구색을 갖춰 놓음으로써 고객의 증가를 꾀하는 것이다. 물론 팔게 되면 이익이 되지만 못 팔고 재고가 되더라도 그 비용은 상품개발비에 불과하다고 생각하면 된다.

이업종 상품

》꽃과 직판이 가능한 상품

꽃만 팔아도 바쁜 꽃집이 있는가 하면 꽃만 팔아서는 수익성도 낮고 시간적 여유가 많은 꽃집이 있다. 우선 매출이 적은 원인이 꽃집의 마케팅 능력 부족 때문이라면 매출증대 방안에 대해 생각하고 실행하면 된다. 하지만 꽃집의 위치나 시장규모상 발전 가능성이 적은 곳이라면 꽃의 판매 확대에만 매달리는 것보다 꽃 외의 상품을 추가로 판매하는 것이 매장의 생산성을 높이는 길이다.

꽃집에서 꽃 외의 상품으로 많이 판매하는 것에는 담배, 화장품, 허브오일, 팬시상품 등이 있는데, 꽃집이나 지역의 사정에 따라 더 많은 상품을 추가할 수 있을 것이다.

》꽃과 함께 배달 가능한 상품

꽃은 배달이 많고, 분위기용으로 많이 사용되는 특성이 있는 만큼 이를 활용하여 꽃과 같이 배달할 수 있는 상품을 개발하면 꽃+α 만큼의 매출을 올릴 수 있고, 다른 꽃집과 차별화할 수도 있다. 현재 꽃과 함께 이용되는 것에는 케이크, 샴페인, 과일, 초콜릿 등이 주류를 이루고 있는데, 이 외에도 새로운 상품의 개발 가능성은 무궁무진하다. 새로운 상품 개발은 현재 많이 이루어지고 있는 꽃 배달을 용도별로 분석해 보고 그 용도와 관련이 많은 상품을 개발하는 것이 좋을 것이다. 그런 의미에서 표 2-4와 같이 어느 꽃집을 상대로 고객이 주문한 꽃바구니 390개의 용도를 조사한 결과 꽃바구니는 생일, 출산, 사랑의 선물용으로 많이 사용되었으며, 받는 사람의 90% 이상이 여성이었다. 따라서 꽃 외에 향수, 여성속옷, 목욕용품, 허브오일, 피자, 인형, 상품권, 보석, 아기와 산모용품 등을 생일, 출산 및 사랑의 선물로 적당한 품목을 개발하여 활용하면 매출액 증가는 물론 다른 꽃집과 차별화하는 데 좋을 것이다.

한편, 부피가 작으면서도 고가 상품인 상품권, 양주, 보석 등은 업무용 선물로 많이 이용되고 있는데, 여기에 꽃이 곁들여지면 분위기가 좋아지고 꽃 선물이라는 이미지가 강해 선물하는 사람이나 받는 사람의 부담을 덜어 줄 수 있는 이점이 있으므로 이를 전략적으로 활용할 필요도 있다.

〈표 2-4. 고객이 주문한 꽃바구니 390개의 용도별 비율〉

용도	꽃바구니 수	비율
생일	135	34.6%
출산	95	24.4%
사람의 선물(구애 등)	40	10.3%
개업	30	7.6%
쾌유 기원	25	6.4%
결혼 기념	20	5.1%
고희	15	3.8%
기타(돌, 승진, 합격 등)	30	7.8%
합계	390	100%

알선 수수료 상품

꽃이라는 상품은 그것 자체가 상품이 되기도 하지만 다른 것과 어울리거나 같이 연출될 때 그 값어치가 커지는 경우가 많다. 그래서 꽃배달이나 꽃 상품을 제작할 때 다른 상품과 같이 배달하거나 조합하는 경우가 많다. 그렇지만 조작이나 제작에 전문 기술력이 필요한 상품은 꽃과는 잘 어울리나 꽃집에서 쉽게 취급할 수 없는 것들이 있다. 이러한 상품들은 꽃집에서 소비자들에게 판매를 알선한 다음 알선 수수료를 받을 수 있다. 대표적인 상품에는 얼음조각, 드라이아이스, 이벤트풍선 장식, 비행선 등이 있다.

상품의 구매

상품의 구매는 꽃집의 경쟁력과 관련이 있다. 좋은 품질을 저렴하게 그리고 재고가 나지 않도록 적정량을 구입하게 되면 경쟁 꽃집에 비해 싸게 파는 것이 가능하고, 이익률을 높이는 것도 가능해 경쟁력을 높일 수 있다. 또 품귀 현상이 일어나기 쉬운 것을 안정적으로 구입하되 구입에 따른 시간과 경비 소모를 적게 하는 것도 경쟁력 향상에 도움이 된다. 그러므로 좋은 상품의 구별법, 가격의 변동, 유통구조, 적정량 구입에 대한 지식의 습득과 함께 좋은 거래처를 선정하여 거래하는 것도 중요하다.

구매처의 종류와 특징

꽃집에서 상품을 구입할 수 있는 경로는 지역에 따라 차이가 있다. 일반적으로 상품을 구매할 수 있는 곳의 종류와 특징은 다음과 같다.

도매시장 및 유사 업체

도매시장 및 유사 업체는 상품의 종류가 풍부하고 가격도 저렴하게 구입할 수 있는 곳이지만 지역에 따라서는 존재하지 않으며, 절화, 관엽식물, 난 등 품목별로 형성되어 있기 때문에 각각의 시장을 방문하여 구매해야 한다.

현재 절화는 도매시장에서 경매에 의해 가격이 형성된 것을 중도매인상을 통해 구입할 수 있는 형태의 시장이 서울, 부산, 광주 등 대도시에 존재하고 있으므로 기존의 꽃집 등에 문의해 보면 쉽게 파악할 수 있다. 관엽식물, 분화류와 난은 서울과 일부 지역에는 꽃집만을 대상으로 하는 도매시장 형태의 시장이 존재하고 있으나 대부분의 지역에서는 1개 또는 여러 개의 업체들이 서울 도매업체나 농장에서 상품을 수집한 후 꽃집을 상대로 영업을 하고 있는 실정이다. 화훼관련 자재는 플라워디자인과 관련이 깊은 자재의 경우 절화를 파는 시장 근처에, 화분, 분받침, 용토 등 원예식물과 관련된 자재는 관엽식물 및 분식물을 판매하는 시장에서 판매하고 있다.

이동 차량

도매시장이 존재하지 않은 지방에서는 꽃 구매 자체에 많은 시간과 비용이 드는 경우가 있다. 이런 문제점에 대응하기 위한 것이 이동 차량이 꽃집을 방문하면서 판매하는 체계이다. 현재 지방뿐만 아니라 일부 대도시에서도 쉽게 볼 수 있는 형태이다. 관엽식물 대품을 제외한 절화, 자재, 분화류, 분재류, 동서양란 등 다양한 상품을 갖고 순회 판매하므로 상황에 따라서는 이를 활용할 수 있다.

농장

꽃집은 소매업이기 때문에 꽃이라는 상품을 생산하는 농장에서 구매하면 저렴하게 구입할 수 있을 것이라 생각하는 분들이 많다. 그런데 실제로는 농장에서 직접 구매하는 꽃집이 거의 없고, 있다 하더라도 일부 품목에 한정되어 있다. 보통 농장에서는 경영의 효율성을 높이기 위해 1-2 품목만 재배하는 경우가 많고 출하 시기도 특정의 시기에 집중되기 때문이다. 따라서 꽃집이 농장에서 다양한 품목을 지속적으로 구입하기는 쉽지가 않다. 또 꽃 가격은 수시로 변하는데 농장의 상품은 가격이 형성되기 이전이므로 거래 가격이 명확하지도 않게 되는 어려움이 있다. 그 때문에 현재 농장에서 직접 구매할 수 있는 품목은 일부 관엽식물과 분화류 그리고 동서양란, 자생식물 등으로 한정되어 있는 실정이다.

시장 조사와 예비 구매

꽃집의 상품은 대부분 지역에 있는 도매시장이나 도매 형태를 취하고 있는 곳 또는 경매에 의한 상품이나 생산자가 출하한 것을 수집하여 꽃집을 상대로 거래를 하는 사람들에 의해 유통된다. 그러므로 꽃집을 창업하고자 하는 지역의 도매시장 혹은 꽃집을 상대로 절화나 관엽식물, 난, 자재 등을 공급하는 곳이 어디에 있는지 조사를 해 둔다. 조사는 근처의 꽃집이나 꽃꽂이 강사 등에게 문의를 하여 시장을 파악한 다음 방문해 본다.

방문시는 가능한 여러 곳을 방문하여 상품의 구색이나 가격 등을 검토해 본다. 이렇게 창업 전에 꽃시장이나 관엽식물 도매하는 곳, 자재상 등을 방문하여 거래 현장을 살펴보는 것은 예비구매 성격을 띠는 것으로 실제적인 구매에 좋은 경험으로 작용한다.

구입처 선정

꽃 도매상은 모든 구색을 갖춰 놓고 있는 것이 아니라 몇 품목만을 중점적으로 취급하는 곳이 많아 꽃집 입장에서는 몇 군데의 도매상들과 거래를 하여 다양한 구색을 갖추도록 해야 한다. 이 과정에서 도매상 선정에 신중을 기해야 한다. 왜냐하면 부적절한 도매상과 거래를 하게 되면 우선 상품의 질이 현저하게 떨어져 마케팅 실적이 떨어진다. 그런데도 우리나라에서는 아직까지 사적인 정을 이유로 애초에 잘못 선정한 도매상 교체가 문제가 되는 예도 있다. 따라서 좋은 도매상을 어떻게 선정할 것인가는 매우 중요한 사안인 만큼 다음과 같은 사항을 감안하여 선정한다.

활기 있는 곳을 선정한다

거래처를 선정하기 전에 시장을 방문하여 각각의 도매 업체를 보면 유난히 활기가 넘치는 업체들이 있다. 활기 있는 업체들은 주로 많은 꽃집을 거래처로 두고 있으므로 상품이 들어오고 나가는 양이 많은 업체들이다. 또 거래처가 많다는 것은 그만큼 꽃집들에게 메리트를 제공하고 있으며, 상품의 회전도 빠르다는 점을 암시하는 것이다.

자신의 꽃집 유형에 맞는 상품을 취급하고 있는 곳을 선택한다

도매상도 여러 가지 유형이 있다. 절화나 소재만을 판매하는 곳이라도 수입 절화나 소재 등 희귀하고 고급 상품 위주로 판매하는 곳, 품질이 낮은 것을 싸게 파는 곳 등 차이가 있다. 관엽식물의 경우도 관엽식물 소품을 사서 분갈이나 연출을 하여 파는 곳, 플라스틱 화분을 그대로 파는 곳이 있으며, 난도 분갈이를 해서 파는 곳, 심지 않는 것을 파는 곳 등 다양한 곳이 있으므로 자신의 상품 전략, 추구하고자 하는 점포 형태, 주 목표 고객층에 맞는 상품을 취급하는 곳을 선택하는 것이 좋다.

정보 제공과 인간적인 매력이 있는 곳이 좋다

꽃집 창업 초기에는 정보가 부족한 경우가 많다. 각 학교별 졸업식 날은 언제이며 졸업식을 대비하여 어느 정도 꽃을 갖춰 놓는 것이 좋은가, 또 언제 어디에서 플라워디자인 교육이 있는지 등 여러 가지 정보가 부족한 편인데, 이러한 정보를 제공해 주는 능력과 인간적인 매력이 있는 곳을 선정한다. 그런데 거래를 하지 않은 상태에서 이러한 곳을 파악하기란 쉽지 않으므로 기존의 꽃집에 문의하여 꽃집들로부터 높게 평가받고 있는 곳을 선정한다

기타

꽃을 팔고 사는 거래이기 때문에 거래 조건에 공정성과 객관성이 있는 곳이 좋다. 도매시장을 거래하게 되면 처음에는 방문하여 구매하다가 사정이 여의치 못하면 전화 주문만 하는 경우가 많아지는데, 이때 전화로 주문해도 방문하여 구매한 것처럼 좋은 상품을 납품해 주는 곳, 급히 필요할 때 필요한 상품을 신속하게 배달해 주는 곳이 좋다. 또 갑작스럽게 들어온 주문 상품이 없을 경우 전화 한 통으로 리본 글씨까지 써서 배달해 줄 수 있는 거래처를 선정해 놓으면 좋다.

구매처와의 관계

인간적인 관계를 맺어 두면 정보를 쉽게 얻을 수 있을 뿐만 아니

라 여러 가지로 편리하다. 가령, 도매 특성상 소매나 상품 제작용으로는 손색이 없으나 도매로 팔기에는 불가능한 상품이 발생하는데, 도매상과 좋은 관계를 유지하면 이 상품을 무료 또는 저렴하게 구입하여 활용할 수가 있다.

한편, 꽃 구매처를 잘 선정했더라도 상품에 따라서는 이상과 같은 조건을 갖추고 있는 도매상에서 구입을 할 수 없을 때가 있다. 그러한 경우는 고객 주문 응대력을 높이기 위해서 신규 구입처의 개발도 중요하다. 그리고 상당기간 동안 별로 유익하지 못했던 구입처는 하루라도 빨리 정리해야만 한다. 그렇지 못할 경우 형식적인 거래를 유지한다고 해도 쌍방에 도움이 되지 않는다. 거래 관계가 정체되어 있으면 어느 쪽에 책임이 있든 간에 거래를 끊는 편이 쌍방 간에 유리하다.

절화의 신선도 유지

꽃집에서 판매하는 상품인 꽃은 생명체로 적절하게 관리를 해 주어야 한다. 만약 적절한 관리를 해주지 않으면 절화의 경우 금세 시들어 버리는 경우도 있다. 구매한 절화가 피지 않거나 쉽게 시들게 되면 재고가 많이 발생해 손실율이 높게 된다. 또 꽃집에서는 싱싱한 상태의 꽃을 꽃바구니 등에 꽂아서 판매하였는데 소비자가 이용할 때는 꽃이 피지도 못하고 시들어 버리는 경우도 발생한다. 그렇게 되면 소비자들은 꽃집을 불신하게 되고 이것은 매출에도 영향을 미친다. 따라서 절화의 생리 및 신선도 유지 방법을 공부해 두고 대응책을 세워야 한다.

절화의 수명 연장 생리

절화는 모체로부터 줄기가 잘라진 것으로, 양분과 수분을 뿌리가 아닌 줄기로 흡수한다. 자연히 절화되지 않은 꽃보다 쉽게 노화되고 수명도 짧다. 실제로 절화의 수명에 영향을 미치는 주된 요인으로는 수분 흡수 불량과 호흡에 의한 양분의 소모 그리고 에틸렌 가스(ethylene gas)를 들 수 있다.

수분 흡수 불량

절화는 뿌리가 잘려진 상태이기 때문에 뿌리로 물이나 양분을 빨아올리는 대신에 줄기의 절구(자른 부위)로 물을 빨아올린다. 그러니까 줄기의 자른 부위가 뿌리와 같은 역할을 하기 때문에 매우 중요하게 취급하지 않으면 안 된다. 절화에서 꽃이나 잎이 시드는 것은 줄기 절구의 도관으로부터 빨아올리는 수분이 잎으로 증산되는 것보다 작기 때문인데, 그 원인으로는 ① 줄기 절구의 도관에 박테리아 및 곰팡이 등의 미생물이 번식되어 절구의 도관이 좁게 되거나 막히는 경우, ② 줄기를 자른 후 도관 속에 기포가 생겨 수분의 상승을 방해는 경우, ③ 줄기의 자른 면에 유액이 분비되어 절구가 굳어 버리거나 도관을 막아 버리는 경우를 들 수 있다.

호흡에 의한 양분 부족

절화는 모체에서 줄기가 잘려진 뒤에도 생명체의 필수적 생존 수단으로 호흡 작용을 한다. 그런데 식물체는 호흡 작용을 함으로써 열을 내고 그 열은 조직의 이상으로 인한 팽압의 소실, 방향성 물질의 배출, 영양분의 손실 및 이동 그리고 외관상의 품질 저하를 유도하여 절화의 신선도 및 수명을 저하시킨다. 호흡 작용에 의한 품질 저하의 종류에는 호흡열에 의한 수분 손실, 체내 탄수화물의 손실, 이산화탄소의 배출, 에틸렌 가스 발생으로 인한 노화의 촉발, 노화의 진행에 따른 비정상적인 호흡, 그로 인한 자유전자(free radicals) 발생 등이 있다. 따라서 절화의 신선도 및 수명을 증진시키기 위해서는 절화의 호흡을 최소한으로 유지시키는 것이 좋은데 보통 절화의 호흡량은 고온에서 높고 저온에서 낮다.

식물 노화 촉진 호르몬의 영향

식물의 노화를 촉진하는 식물 호르몬은 에틸렌이다. 에틸렌은 식물 호르몬의 일종으로 식물 자신이 체내에서 만들어 내는데, 이것에 식물의 성숙을 촉진시키고 노화를 촉진하는 작용이 있다. 절화는 자체에서 에틸렌이 생성되어 노화가 촉진될 뿐 아니라 외부에서 공급된 에틸렌에 의해서도 노화가 촉진된다. 따라서 꽃집에서는 이러한 에틸렌의 생성을 어떻게 억제하고 그것으로부터 절화를 얼마만큼 보호할 수 있는가가 절화의 노화 억제와 수명 연장의 관건이라 할 수 있다.

구매한 절화의 손질

우리나라에서 꽃은 일반적으로 생산지에서 절화되어 물을 흡수시키지 않은 상태로 박스에 넣어 공판장에 출하된다. 이렇게 물을 흡수시키지 않은 상태로 수송시키는 이유는 수송 경비 문제와 함께 물을 흡수시켜 팽팽한 상태로 수송을 하면 꽃이 상처를 입는 비율이 높기 때문이다. 그러므로 꽃집에서는 꽃을 구입한 후 꽃에 물을 흡수시켜 상품의 모습으로 돌이키는 작업부터 해야 하는데 이 과정 중에 다음과 같이 몇 가지 처리를 하면 절화의 수명을 연장하는 데 도움이 된다.

잎을 제거한다

구입한 꽃은 대부분 생산자가 출하한 그대로 꽃집으로 수송되는 경우가 많으므로 꽃집에서 필요 없는 가지나 병든 잎 등을 따내야 한다. 물에 잠기는 부분의 잎은 병이나 에틸렌 가스의 발생 원인이 되고 일부 절화에서는 증산량이 많아 시드는 원인이 되기도 하므로 1/3~1/2 부분까지 따 낸다. 특히 장미의 경우는 물에 잠긴 잎에서 나오는 페놀 물질이 물을 썩게 해 수명을 짧게 한다는 것을 알아야 한다.

가시를 제거한다

장미 같이 줄기에 가시가 있는 것은 물통에 꽂은 후 팔려고 빼낼 때 다른 꽃이나 잎에 상처를 입히기 때문에 제거하는 것이 좋다. 단, 잎이나 가시를 따 낼 때 기구 등을 너무 거칠게 사용하면 줄기에 상처가 나거나 껍질이 벗겨지고 그곳에 박테리아가 증식되어 물오름이 저해된다는 설도 있다. 따라서 가시는 가능한 줄기에 상처가 나지 않도록 조심스레 제거한다.

줄기를 재차 자른다

뿌리가 있는 줄기 모체에서 잘려진 절화는 증산작용에 의해서 수분 증발이 계속되나 물에 담그지 않은 상태에서 수송되어 경매되고 또 꽃집까지 옮겨지는 동안 줄기의 도관에는 공기가 들어가게 된다. 이처럼 도관 안에 공기가 들어 있으면, 사이폰의 작용을 이용하여 통에 물을 넣을 때 호스에 공기가 들어가면 물이 차단되어 나오지 않는 원리처럼 물통의 물을 줄기 위까지 끌어올리는 힘이 약해 시들게 하는 원인이 된다. 이와 같은 경우는 공기가 들어 있는 부분을 물 속에서 잘라버리고 도관의 상승주를 수분과 직접 연결시킴으로써 (줄기의 물 속 절단) 기포 침입을 방지하고 흡수를 촉진할 수 있다. 장미의 꽃 목이 굽는 현상(Bent-neck)도 수분 결핍에 의한 것인데, 이러한 경우 물 속에서 줄기를 다시 절단한 후 신문지 등에 말아서 물에 꽂으면 회복되는 수가 많다. 물 속 자르기를 할 때 물은 온수(20-40℃)를 사용하는 게 좋은데 그 이유는 차가운 물에서 줄기를 자르면 도관이 수축되어 물오름이 나쁘기 때문이다.

한편, 수송된 꽃의 절구는 오랫동안 공기 중에 노출되어 곰팡이나 박테리아에 오염되는 바람에 도관이 막히는 경우도 있으므로 구입한 꽃들은 줄기 아랫부분의 잎을 따낸 다음 줄기 끝을 잘라 버리고 물통에 꽂는 게 좋다.

약물 처리를 한다

박하류나 알콜 또는 초산 등의 화학 약품에 절화의 기부를 처리하는 방법으로서 이 처리에 의해 세포를 자극하고 흡수력을 증진시킬 뿐만 아니라 살균 효과도 겸한다. 그러나 처리 방법이 번거롭고 선택성이 강하기 때문에 꽃집 입장에서 보면 현실성이 없다. 이보다는 자재상에서 판매하는 절화 수명 연장제를 물에 탄 후 꽂아 두는 것이 좋다.

꽃에 물을 뿌려 준다

구입한 꽃이 눈에 띄게 시들어 있다면 꽃을 옆으로 펼쳐 놓은 다음 물을 뿌려 잎이 물에 충분히 젖게 한 다음 물통에 꽂아 둔다. 또 꽃을 밑으로 향하게 들고 줄기의 끝 부분으로부터 물을 뿌려 준다. 그러면 자른 부위에 물의 압력이 생겨 물이 식물 체내로 들어가며, 잎의 먼지를 제거시켜 호흡 작용을 활발하게 한다. 이렇게 한 후 꽃과 잎을 신문지 등으로 감싸 물에 꽂으면 잎에서의 증산을 억제시켜 빨리 소생한다.

줄기 끝을 열탕 처리한다

절화 줄기의 기부를 80-100℃ 물에 약 1-2분가 담갔다가 꺼내 차가운 물 속으로 옮기는 방법이다. 이는 열탕 처리에 의해 줄기의 물오름을 좋게 하는 방법으로, 수분이 증가되어 팽창할 때 압력을 이용한 것이다. 동시에 자른 부위의 양분이 열탕 처리에 의해 소실되므로 박테리아의 접근을 방지한다. 주로 국화, 안개꽃, 다알리아 등의 절화에 많이 이용되며 열탕 처리시는 열탕의 열에 의해 꽃이 피해를 입는 경우가 있으므로 상부의 꽃과 잎 부분은 신문지 등으로 싸서 처리하는 게 좋다. 현실적으로는 생산자 측에서 열탕 처리를 한 후 출하하기 때문에 꽃집에서는 할 필요가 없지만 열탕 처리한 줄기 끝을 잘라 버려 꽃이 시들었거나 열탕 처리가 안 된 꽃을 구입 시는 꽃집에서도 해야 한다.

물통에 꽂는다

물을 공급해 주기 위해 물통에 꽂는다. 이 때 용기는 박테리아나 세균이 없는 깨끗한 것을 사용한다. 사용했던 물통은 사용 전에 중성세제나 락스를 약간 사용하여 살균하고 깨끗이 헹군다. 물통에 꽂을 때는 다른 종류를 섞어서 꽂으면 수명이 짧아지므로 한 종류만 꽂는다. 한 종류를 꽂되 하나의 통에 꽃을 너무 많이 꽂으면 박테리아의 증식도 빠르고 에틸렌 가스가 머물기 쉬우므로 느슨하게 꽂아 통기를 좋게 한다. 물통에 꽂은 꽃은 가능한 서늘하고 직사광선이 쪼이지 않는, 습도가 60-70% 되는 곳에 두면 좋다.

신선도 유지 및 관리

절화는 식물 생리 입장에서 보면 모체에서 잘리는 순간 가사 상태에 있다고 생각해도 무방하다. 따라서 그대로 방치해 두면 자연히 시들어 가는 것으로, 이것에 어떤 처리나 관리를 하여 싱싱하게 오래 유지하는 것이 인간의 의지이며 꽃집의 역할이다. 여기에서는 꽃집에서 쉽게 행할 수 있는 절화의 수명 유지와 신선도 유지 대책에 대해 소개한다.

물을 자주 갈아준다

꽃을 오래 유지하는 방법은 여러 가지가 있지만 우선 물 올리기를 확실히 하는 것이 중요하다. 이것은 앞에서도 이야기했던 것처럼 뿌리가 땅속에 있어 수분이나 양분을 도관과 사관을 통하여 식물 전체로 보내고 각각의 기능이 정상적으로 활동할 수 있는 것과 같은 의미를 가지고 있다. 그래서 우선 필요한 것은 물을 갈아주는 일이다. 예를 들어 여름과 같이 더울 때 글라디올러스, 다알리아나 거베라 등을 물에 담가 놓으면 하루 만에 박테리아가 많이 발생하여 물이 썩고 줄기의 도관이 막혀 꽃도 쉽게 썩는다. 그러므로 꽃의 종류나 양에 따라 신선한 물을 자주 갈아주는 것을 잊어서는 안 된다.

물은 미생물의 번식을 억제하기 위해 산성용액이 좋으며, 40℃ 정도로 하는 것이 물 올림과 수분 전도도의 향상에 좋다. 또 물을 바꿀 때 줄기를 조금씩 잘라주는 것도 중요한데 이 때 가위는 소독하는 게 좋다. 물통은 중성세제나 락스를 약간 사용하여 살균하고 깨끗이 헹군다.

보통 하루에 한 번씩 갈아주는 것이 좋으나 냉방장치가 되어 있거나 절화 수명 연장제를 사용하고 있는 꽃집에서는 너무 자주 물을 갈아주면 줄기나 잎이 상처를 입는 일도 있으므로 2일에 1회 또는 3일에 1회 정도 갈아주는 것이 좋다.

가능한 한 온도가 낮은 곳에 둔다

꽃을 두는 장소는 가능한 한 온도가 낮은 곳이 좋다. 왜냐하면 온도가 낮으므로 우선 물이 쉽게 썩지 않고, 꽃의 호흡이 느슨하게 이루어져 에너지의 소비가 적게 되고 그만큼 오래가기 때문이다. 예를 들어 같은 꽃을 방, 응접실, 현관, 화장실에 놓았다고 하자, 가장 오래가는 꽃은 어디에 둔 것일까. 그것은 기온이 비교적 낮은 현관이나 화장실이다. 그러나 아무리 시원한 곳이 좋다고 해서 에어컨의 바람이 나오는 곳에 꽃을 두는 것은 좋지 않다. 바람이 직접 닿아 식물의 수분 증산작용을 빠르게 함으로써 물 공급을 정지하는 상태로 만들기 때문이다.

물통의 물은 충분한 양을 담는다

꽃집에서는 물통 하나에 꽃을 100본 혹은 200본까지도 꽂아 두는데, 이것은 1본이 물통에 들어 있는 것에 비해 100배 혹은 200배나 물의 오염이 빠른 것(세균의 번식이 심하다)과 연관지을 수 있다. 물을 빨아올리는 양도 100배, 200배가 되어 물의 감소도 빨라진다. 그렇기 때문에 새로운 물을 흠뻑 공급하여 주는 것이 중요하다. 단, 창포, 아이리스, 글라디올러스, 나리 등은 물 올림이 너무 좋아서 꽃이 곧바로 피기 때문에 물의 양을 적게 조절한다.

에틸렌 가스의 발생을 억제한다

과거 에틸렌 가스는 크게 주목받지 못했지만 최근에는 이 분야의 연구가 활발해지고 있으며, 꽃집에서는 절화의 신선도 및 수명 유지와 관련하여 에틸렌 가스의 발생 방지에 신경을 쓰지 않으면 안 되게 되었다. 꽃집에서 에틸렌 가스의 주요 발생원은 절화 자체에서 발생되는 것으로, 꽃이 많고 온도가 높은 경우나 밀폐되었을 때 발생이 높아져 절화의 노화를 유발시키거나 흡수량을 감소시켜 수명을 짧게 만든다. 따라서 꽃은 공기가 잘 통하게 놓고 온도는 가능한 낮추는 게 좋다. 특히 카네이션의 경우는 에틸렌에 민감해 낮은 농도의 에틸렌에 의해서도 꽃잎이 수분을 잃어 안쪽으로 말리며 쉽게 시든다. 반면에 국화는 이에 다소 둔감하면서도 에틸렌을 많이 방출하므로 카네이션처럼 에틸렌에 민감한 꽃과는 떼어놓는 것이 좋다. 또 꽃집 내에 있는 난방 연료의 불완전 연소로 인한 에틸렌 가스의 발생 및 자동차 배기가스에 포함된 에틸렌 가스도 주의가 필요하다. 이외에도 과일은 에틸렌 가스의 발생이 쉬우므로 꽃과 가까이 두지 말고 꽃 냉장고에 꽃과 과일을 함께 넣지 않도록 주의한다. 특히 사과에서 발생하는 에틸렌 가스는 참다래 등을 빨리 숙성시킬 정도이므로 꽃 근처에 두지 않도록 한다.

절화의 개화 속도 조절

장미처럼 꽃봉오리 상태이거나 약간만 핀 상태에서 판매하는 절화는 신선도를 유지하면서도 개화 속도를 가능한 늦추는 게 좋다. 개화 속도가 늦을수록 꽃집에서 판매하거나 이용할 수 있는 기간이 길어지기 때문이다. 반면 근조용으로 사용하는 국화나 카네이션 같이 만개 된 상태로 이용되거나 개화 후에도 오랫동안 이용할 수 있는 꽃들, 행사에 이용되는 꽃들은 만개한 상태가 적은 양으로도 풍성하게 디자인할 수 있는 점에서 좋다.

이렇게 개화 속도는 꽃의 종류와 사용 목적에 따라 달라지므로 꽃집의 상황에 따라 조절해야 한다. 일반적으로 개화 속도는 온도가 높을수록 촉진되고 낮을수록 지연되기 때문에 장미 같은 꽃은 처음부터 꽃 냉장고에 넣어 놓고 대국은 밖에 두어 개화를 촉진시키다가 만개가 되면 꽃 냉장고에 넣는 것이 좋다.

꽃 냉장고의 이용

절화는 온도가 높으면 개화 속도가 빨라지고 신선도가 쉽게 떨어진다. 여름의 경우, 꽃 냉장고에 넣지 않은 장미는 하루 만에 만개가 될 정도로 개화 속도가 빠르므로 대부분의 꽃집에서는 꽃 냉장고를 구비해 꽃을 보관하고 있다. 따라서 꽃의 보관이라면 꽃 냉장고를 이용한 저온저장(cold storage)이 많다. 저온저장은 절화를 저온에서 보관함으로써 식물체의 호흡과 증산량을 저하시켜 신선도를 유지하는 방법이다.

꽃집에서 꽃 냉장고는 절화를 보관하는 것 외에 꽃바구니 등에 꽂은 상품을 보관과 동시에 진열하는 개념에서도 활용하고 있는데 어느 경우이든 일반적인 절화는 2-3℃ 정도, 극락조화와 용담은 8-9℃에 보관하는 것이 좋고, 열대 식물이나 난은 11-15℃가 좋다. 그러나 꽃집에서는 꽃 냉장고에 여러 가지 절화를 한꺼번에 넣어 이용하므로 꽃 냉장고 온도를 6-15℃ 사이로 맞추는 게 좋다.

한편, 꽃 냉장고에 꽃을 보관할 경우 스프레이국화, 스타티스, 나리, 데이지, 다알리아, 스토크의 잎은 암흑에서 노랗게 되므로 조명 등을 밝게 해 준다. 또 꽃 냉장고에 장기간 보관한 꽃을 외부로 꺼내 놓으면 꽃의 색깔이 변하고 저장하지 않은 것보다 더 빨리 피고 시든다. 이러한 원인 중의 하나는 꽃 냉장고와 외부 간의 온도 차이에 의한 것이므로 일반적으로 봄, 가을, 겨울에는 온도 차를 10℃로, 여름철에는 약 15℃ 정도로 설정하여 사용하는 것이 좋다. 즉, 여름철 밖의 온도가 30-34℃를 오르내리는 만큼 꽃 냉장고 온도는 13-15℃를 설정해 사용하는 것이 좋다.

꽃잎에 생기는 곰팡이 원인과 대책

절화는 물오름의 좋고 나쁨, 개화 속도의 빠르고 늦음 외에 꽃 시장이나 여름철 꽃 냉장고 속에 보관해 놓은 꽃의 잿빛곰팡이 발생 여부로 순식간에 많은 꽃들이 부패되는 문제점이 있다. 이 잿빛곰팡이병은 저온과 높은 습도에서 매우 빠르게 번식하므로 부패된 꽃과 줄기는 빨리 없애고 습도를 낮춰 주어야 한다. 여름철 냉장고 속 꽃잎에 잿빛곰팡이가 생기는 것은 꽃 냉장고를 오랜 시간에 걸쳐 사용하여 내부에 습기가 너무 많아서이다. 습기가 많은 이유는 냉각기에 부착된 물받이의 물 빠짐 구멍이 막혔다든지 물받이에 많은 물이 고여 있어서인 경우가 많다. 그러므로 이러한 현상을 없애기 위해서는 꽃 냉장고의 물 빠짐 호스가 꺾여 있는지, 물 호스가 막혀 있지 않은지 확인한다. 확인 방법은 입으로 물 빠짐 호스 부분을 빨아 보거나 불어 보면 알 수 있다. 또 냉각기의 물받이 물 빠짐 구멍이 높아서 물이 못 빠질 수 있으므로 꽃 냉장고 쇼케이스가 설치되어 있는 바닥 면이 평행을 이루고 있는지 확인하고 대책을 세우도록 한다.

분식물의 취급과 관리

회전율이 낮은 화분 식물들은 보통 꽃집에서 자라므로 생육 관리까지를 해야 하며, 이를 위해서는 재배 관리 지식이 필요하다. 또 화분 식물을 판매할 때나 가정이나 상업 공간 등에 장식된 식물들의 재배 관리도 상담을 해야 되는 경우가 많으므로 꽃집 경영주는 화분 식물의 취급과 재배 관리 지식을 익혀 두어야 한다.

물 관리

꽃집에서 화분 식물을 관리할 때 가장 많은 관리가 필요한 부분이 물 주기이다. 물 주기는 그냥 물만 주면 되는 것처럼 생각하는 경영주들도 있는데, 물 주기 3년이라는 말이 있을 정도로 식물의 생존과 생육에 매우 중요하다. 그러므로 최소한의 요령에 대한 기본적인 상식은 익혀 두어야 한다.

물을 주지 않으면 틀림없이 시든다

화분에 심은 식물은 흙이 적기 때문에 외부에서 수분이 공급되지 않으면 수분 부족으로 죽게 된다. 물을 주면 화분 속의 오래된 공기가 바깥으로 배출되고, 새 공기가 안에 들어가 식물의 호흡을 원활하게 하는 효과도 있다. 그러므로 물과 공기를 공급해 주는 역할인 물 주기를 잊지 않도록 한다.

물은 흙의 표면이 말랐을 때 준다

꽃집 경영주에 따라서는 매일 기계적으로 화분에 물을 주는 사람이 있는데, 물은 화분 흙의 표면이 마르기 시작할 때 주는 것이 좋으며, 흙의 마르는 정도는 식물의 종류나 화분의 재질에 따라 다르다. 물은 화분 바닥에서 물이 흘러나오도록 많이 주는 것이 좋다.

물 주는 간격은 계절에 따라 다르다

봄, 가을은 식물의 성장이 왕성하므로 자주 주는 것이 좋고, 가을은 봄보다 적은 빈도, 즉 2-3일에 한 번이 적절하다. 여름은 건조한 계절인 만큼 기온이 오르기 전인 오전에 물을 듬뿍 준다. 하루 1-2회 정도가 좋다. 겨울은 식물의 휴면기이거나 그와 비슷한 상태이므로 기온이 비교적 높은 낮에 물을 주되, 4-7일에 한 번이 좋다. 하지만 개화 중인 꽃이나 알뿌리 화초에는 봄과 마찬가지로 2-3일에 한 번 물을 준다.

공중 습도를 유지하려면 잎을 씻어주거나 분무를 한다

잎을 씻어주거나 분무를 해주면 식물이 싱싱하게 보여 관상 가치가 높아지는 이점 외에도 실내의 건조한 공기를 융화해 습도를 높여줄 수가 있다. 특히 잎에 먼지가 부착되므로 물을 뿌려주거나 분무해주면 더러움이 씻기기도 하고 잎 진드기 등의 해충 방제에도 도움이 된다. 특히 필로덴드론, 크로톤, 디펜바키아, 알로카시아, 몬스테리아, 네프롤레피스, 휘토니아 등은 상대 습도가 70-80% 정도 유지하는 것이 좋으므로 수시로 잎에 분무를 해 준다.

화분 식물은 위치 장소별로 다르게 준다

같은 화분 식물이라도 꽃집 바깥에 두는 것과 안쪽에 두는 것, 출입구 쪽에 두는 것 사이에는 화분 흙의 건조 속도가 다르다. 그러므로 이를 고려하여 준다. 일반적으로 점포 바깥쪽, 출입구 쪽에 둔 것이 빨리 건조하므로 자주 준다. 또 스킨답서스나 달개비 같이 벽이나 공중에 걸어 두는 것은 상대적으로 빨리 건조하므로 더욱 물 관리에 신경을 쓴다.

햇볕 관리

식물에서 광은 탄소 동화작용과 함께 생육에 없어서는 안 될 중요한 환경요인이지만 식물에 따라서 그 요구도가 다르다. 일부 식물은 햇볕이 바로 쪼이는 곳에 두면 잎이 타서 상품 가치가 떨어지고, 일부 식물은 그늘에 두면 잎이 노랗게 떨어지거나 너무 웃자라서 상품 가치가 떨어지는 것이다. 그러므로 식물의 특성에 따라 적당한 광 관리를 해주어야 한다.

햇볕이 들어오는 곳에서 관리하면 좋은 식물

가지마루, 고무나무, 극락조화, 도꾸리란, 벤자민고무나무, 브겐빌레아, 산세베리아, 아라우카리아, 알로에, 제브리나, 종려, 칼라디움, 크로톤, 하와이무궁화, 헬리코니아

햇볕이 있는 곳이나 그늘에서도 잘 적응하는 식물

네오겔리아, 러브체인, 세네기오, 싯서스, 아스파라거스, 아이비, 접란, 파키라, 포인세티아필레아, 행운목, 홍콩(쉐플레아)

반 그늘에 두고 관리하면 좋은 식물

관음죽, 구즈마니아, 대극도, 디펜바키아, 레프롤레피스, 마란타, 몬스테라, 스파티필룸, 싱고니움, 아디안텀, 안스리움, 알로카시아, 에크메아, 종려죽, 켄챠야자, 코르딜리네, 테이블야자, 틸란드시아, 페페로미아, 프테리스, 필로덴드론, 호야, 휘토니아

온도 관리

온도는 식물의 광합성 작용, 호흡 작용, 증산 작용에 직접적으로 영향을 미치는 요인이다. 일반적으로 식물이 생육할 수 있는 온도 범위는 10-40℃이지만 열대 관엽식물이 생육하기에 알맞은 온도는 25℃ 내외이고, 온대지방산 식물의 경우에는 15-23℃, 한대지방산 식물의 경우는 10-15℃이다. 그런데 꽃집에서는 겨울에는 생육저온보다 저온에 의해 죽거나 잎이 떨어져 버리는 현상, 여름에는 생육적온보다 고온에 의해 웃자라고 쇠약해져 상품 가치가 극도로 떨어지는 것이 가장 문제다. 그러므로 온도에 따른 생육형과 함께 식물의 종류별 월동 가능 온도를 알아 둔 후 대책을 세워야 한다.

주요 식물의 온도에 따른 생육형

》 저온생육형(18℃)

꽃치자나무, 남천, 네프롤레피스, 맥문동, 백량금, 아라우카리아, 아이비, 자금우, 팔손이 등

》 고온생육형(24℃)

고무나무류, 디펜바키아, 베고니아, 스파티필룸, 아스파라거스, 야자류, 칼라데아, 콜레우스크로톤, 페페로미아, 필로덴드론, 휘토니아

주요 식물의 월동 가능 온도

》 0℃ 이상 유지해 주어야 하는 식물

고무나무, 극락조화, 소철, 도꾸리란, 몬스테라, 아라우카리아, 아스파라거스, 아이비, 알로에, 유카, 접란, 코르딜리네 홍콩(쉐플레아)

》 3℃ 이상 유지해 주어야 하는 식물

관음죽, 러브체인, 베고니아, 부겐빌레아, 세네기오, 스파티필룸, 싯서스, 아디안텀, 제브리나, 종려죽, 파키라,

》 5℃ 이상 유지해 주어야 하는 식물

가지마루, 군자란, 벤자민고무나무, 스킨답서스, 아펠란드라, 에크메아, 크로톤, 틸란드시아, 포인세티아, 필로덴드론, 하와이무궁

화, 호야

》8℃ 이상 유지해 주어야 하는 식물

구즈마니아, 드라세나 종류 및 행운목, 싱고니움, 헬리코니아

》10℃ 이상 유지해 주어야 하는 식물

디펜바키아, 마란타, 안스리움, 야자류, 칼라디움, 휘토니아

》12℃ 이상 유지해 주어야 하는 식물

칼라데아

》15℃ 이상 유지해 주어야 하는 식물

산세베리아

비료 관리

꽃집은 화분 식물을 재배 관리하면서 가꾸는 곳이 아니라 상품을 진열하여 판매하는 곳이므로 비료 주기는 사실상 필요가 없다. 그러나 회전율이 낮아 장기간 보유해야 하는 식물과 기타 재고 상품의 상품 가치를 높이고자 할 때는 비료를 주어야 한다.

봄이나 여름에 주는 것이 좋다

주로 생육기인 봄이나 여름에 주는 것이 좋다. 관엽식물은 보통 겨울에는 별로 생육하지 않기 때문에 비료도 거의 줄 필요 없다. 저온에 강한 종류나 겨울에 충분히 보온할 수 있는 경우에는 겨울에도 주지만 온도 부족으로 생육하지 않는 경우는 주지 않는다.

비료의 종류는 식물의 상태를 보아 가며 결정한다

식물의 상태가 극히 좋지 않을 때는 짙은 농도의 비료를 줘도 흡수하지 못하고, 오히려 식물을 상하게 할 수 있으므로 주의해야 한다. 뿌리가 튼튼한데도 잎 색깔이 나빠지면 알갱이 모양으로 된 비료를 화분 크기에 따라 몇 개씩 올려놓는다. 식물의 뿌리 상태와 잎 색깔이 좋지 않은 경우에는 저농도의 비료를 잎에다 분무해 준다.

병충해 관리

화분 식물은 구입할 때에 깨끗하다면 웬만큼 나쁜 환경에 두어도 금방 병충해에 감염되지 않는다. 그러므로 구입할 때에 잎이나 줄기의 앞뒤에 벌레가 있지 않은지 또 색깔이 불규칙한지를 보아야 한다. 잎을 밝은 곳에 비춰봤을 때 얼룩얼룩한 것은 틀림없이 병에 오염된 식물이다. 깨끗한 식물을 구입해 왔는데도 병충해에 감염된 것은 점포에 오래 둬서인데, 원인에 따라 물 샤워하기, 병충해 약 주기, 분갈이, 비료 주기 등을 해 주어야 한다.

병충해는 예방이 최선의 방법이다

화분 식물에 많이 발생하는 병충해는 진딧물류, 깍지벌레류, 그을음병 등인데, 이것들은 통풍이 잘되고 시원한 곳, 습도가 너무 건조하거나 높지 않은 곳에서 재배함으로써 충분히 예방할 수 있는 것들이다.

발생 초기에는 잎을 제거한다

병충해는 보통 발생 초기에 1-2장의 잎에서 발견되므로, 이때 잎이나 가지를 제거한다.

약제를 살포한다

최근 다양한 종류의 가정원예 약제가 시판되고 있는데 이를 구입해서 살포한다.

분화 식물의 취급과 관리

꽃집에서 분화 식물을 취급하는 비율은 절화나 관엽 식물에 비해 상대적으로 적은 편이다. 분화 식물의 관리에서 광 관리는 대부분 햇볕이 직접 쪼이는 곳에 두는 것이 좋다(단, 꽃이 피었을 때는 반그늘 상태에서 관리하는 것이 좋다). 온도는 가능한 한 15-18℃ 정도에 두는 것이 좋다. 25℃ 이상에서는 꽃과 잎이 빨리 노화되기 때문이다. 특히 튤립, 히아신스, 크로커스 등의 구근류 식물은 개화 기간이 얼마 되지 않으므로 보존 기간을 연장시키기 위해서는 냉장고에 보관하는 것도 효과적이다. 햇볕을 쪼이는 것이 좋다고 하여 꽃집 밖으로 내 놓는 경우가 많은데, 이른 봄이나 겨울에는 저온 피해(식물이 얼어버리는 경우)도 있으므로 조심해야 한다.

난의 취급과 관리

동양란의 일반적 특징

꽃집에서 동양란의 상품 관리를 할 때 가장 문제가 되는 점은 꽃의 수명이 짧아서 꽃 핀 것을 갖추어 두어도 금방 시들어 버리는 점이다. 이때는 꽃 냉장고에 넣어 두면 오랫동안 둘 수 있다. 동양란의 재배적인 측면에서는 다음과 같이 세엽계(춘란류), 광엽계(보세란, 한란), 하란(건란, 소심란, 옥화란)으로 분류하여 특징을 살펴볼 수 있다.

》 세엽계

세엽계인 춘란류는 잎의 양보다 뿌리의 양이 많고 굵기 때문에 건조한 것과 강한 빛을 좋아한다. 가을부터 봄까지(휴면기간)는 저온상태(0~8℃)에서 휴면을 하는데, 겨울철 낮 온도가 10℃ 이상으로 상승하면 휴면에서 깨어나 뿌리가 자라고 잎이 생장하여 생식 생장을 억제시키므로 꽃눈이 형성되어 있다 하더라도 마르거나 정상적인 개화를 기대할 수가 없다.

》 광엽계

한란과 보세란은 춘란과는 상반된 성질을 갖고 있다. 뿌리가 가늘고 수가 적은 대신, 잎은 많은 편이어서 생장기 중 물이 마르면 크지를 않는다. 따라서 생장기 중에는 항상 습하게 물 관리를 해야 한다. 중립토와 소립토를 수태로 대체하여 심으면 번식과 생장이 좋아지게 된다. 광선은 비교적 약한 광선을 좋아하는 편이나 세력이 좋은 개체의 보세란, 한란은 춘란과 비슷한 광을 유지시켜 주면 더욱 좋은 생장을 하게 된다. 겨울 추위는 생식 생장을 억제시키므로 꽃이 정상적으로 개화하지 않으나 번식률은 다소 높아지는 경향을 띤다. 또 습기를 좋아하는데, 특히 엽예품은 다습하여야 무늬가 잘 나오고 잎의 광택이 산다.

》 하란

건란, 소심란, 옥화란 등 하란은 주로 여름 고온기에 꽃이 피므로 겨울 추위를 대단히 싫어한다. 그래서 춘란처럼 차게 기르면 생식 생장이 발달하지 못한다. 특히 철골소심은 꽃이 잘 피지 않는다. 물과 광선은 세엽계와 광엽계의 중간 정도가 좋으나 가을부터 봄까지는 저온상태로 두면 약해지면서 바이러스에 쉽게 감염되기 때문에 낮 온도의 상승을 막아야 한다.

서양란

》 덴파레

덴파레(Denphalae)는 상록성이며 비교적 고온성이고, 개화 부위가 정부(頂部)에서 개화하는 점이 특징이다. 현재 시중에서 볼 수 있는 덴파레는 대부분 개량시킨 원예변종이다.

* 생육 온도는 25-30℃ 정도이고 최저 온도는 13℃ 정도이다.
* 착생란인 관계로 수분을 좋아하나 과습은 피하는 것이 좋다. 화분에서 과습하면 통기가 불량하여 뿌리가 썩게 된다. 오히려 한동안 물 공급이 중단되는 것이 자체적으로 간직한 난 특유의 생태상 큰 문제가 없다. 반대로 저온 과습은 절대 금물이

다. 화분 표토가 말랐다고 느껴지면 관수한다.

* 광은 여름철에는 60-70%로 차광하고 겨울철은 무차광 처리한다.

》 심비디움

원종은 동남아시아 일대에서 오스트레일리아의 북부가 원산지로 표고 500-1,500m 지대의 고랭지에 착생하고 있다. 야간 온도는 8-10℃ 이상 유지해 주고 주간 온도는 30℃가 넘지 않도록 관리해 주는 것이 좋다. 광은 30% 정도로 차광한다. 화분 속의 식재(바크)가 축축할 정도로 유지시켜 주는 것이 좋다,

》 호접란(팔레노프시스)

팔레노프시스(Phalanopsis)속은 인도, 대만으로부터 열대아시아, 오스트레일리아까지 분포한다. 나비가 춤추는 듯한 모양 때문에 '호접란(胡蝶蘭)' 이라고도 한다.

* 가급적 18℃ 이상(최저 15℃)으로 유지하는 것이 좋다. 온도가 낮으면 꽃봉오리가 노랗게 되어 떨어져 버리니 주의해야 한다.
* 광 관리는 여름은 70%, 겨울은 30% 정도로 차광하는 것이 무난하다. 너무 광선이 부족하면 꽃 달림이 나빠지고 강하면 잎이 햇볕에 타서 상품 가치가 떨어진다.

* 분갈이 후 2주일 정도는 그늘에서 물을 주지 말고 잎에 분무만 한 후 새 뿌리가 나오면 일반적인 관리를 하면 된다.
* 물 주기는 이끼나 식재(바크)가 항상 젖어 있는 상태가 되면 뿌리가 썩어버리기 쉬우므로 약간 건조하게 관리한다.

관엽식물에서 발생하기 쉬운 문제점과 대응책

관엽식물은 구입한 후 곧바로 판매하면 문제가 없지만 일정 기간 동안 두면 상품에 문제가 발생하는 경우가 있으므로 이에 대한 대책이 필요하다. 다음은 꽃집에서 일반적으로 취급하는 관엽식물에서 발생하기 쉬운 문제점과 대책이다.

그림 2-4. 관음죽의 잎 끝이 말라지는 것은 건조에 의한 경우가 많으므로 관수 관리를 잘 해야 하다.

관음죽의 잎 끝이 말라간다

관음죽은 키우기가 쉬워 많은 가정이나 사무실에서 가꾸는 식물인데(그림 2-4), 간혹 잎 끝 1-2포기가 마르는 것을 볼 수 있다. 이 원인은 건조에 의한 경우가 제일 많으므로 물이나 습도 관리를 잘 해야 한다. 또 바람이 많이 통과하는 곳이나 햇볕이 강한 장소에서도 종종 나타나므로 유의해야 한다.

스파티필룸이 잎은 무성한데, 꽃이 피지 않는다

광선 부족이 원인이다. 스파티필룸은 내음성이 강하여 꽃이 필 때쯤 광선이 닿지 않는 장소에 놓으면 하얀 꽃이 아름답게 핀다. 꽃이 지고 나서도 그대로 두면 잎의 색이나 광택이 좋아 순조롭게 자라고 있는 것처럼 보이지만 사실은 그렇지가 않다. 그러므로 꽃을 볼 때 외에는 밝은 음지에 두고 길러야 한다.

아래 잎이 빨리 떨어져 버린다

관엽식물에서 흔히 볼 수 있는 현상으로 아래 잎이 떨어져 버리면 볼품이 없게 되어 버린다. 그러므로 원인을 파악하여 미리 예방하고, 발생했을 때는 그에 맞는 대책을 세워야 한다. 관엽식물에서 아래 잎이 떨어지는 주요 원인과 대책은 다음과 같다.

》 온도가 낮다

고온을 좋아하는 식물의 경우 겨울에 잎이 떨어지는 것은 저온이 원인인 경우가 많으므로 온도를 높여주어야 한다.

》 물을 너무 많이 주고 있다

잎과 뿌리에 수분이 많은 식물은 물을 많이 주면 아래 잎이 떨어지므로 유의해야 한다. 만약 아래 잎이 떨어지고 있다면 물 빠짐이 좋은 흙으로 분갈이를 하고, 물 주는 횟수를 줄여야 한다.

》 너무 건조하게 관리하고 있다

물 주는 횟수가 너무 적거나 물을 주어도 화분 흙 속까지 충분히 들어가지 않게 줄 때는 식물의 가는 뿌리가 말라 죽거나 스트레스를 받아 아래 잎이 떨어지기 쉽다.

》 습도가 부족하다

고사리류처럼 높은 습도를 좋아하고 잎이 얇은 관엽식물류는 습도가 부족하면 잎이 말라지기 쉬우므로 자주 분무를 해 주도록 한다.

》 햇볕이 부족하다

햇볕을 좋아하는 식물을 그늘에 1주일 이상 두면 잎이 떨어지기 쉬우므로 햇볕을 쪼일 수 있도록 한다.

흙이 마르지 않고 잎에 생기가 없다

식물의 생육이 좋을수록 화분의 흙은 빨리 마른다. 그러므로 화분의 흙이 잘 마르지 않는 것은 식물이 물을 제대로 흡수하지 못하는 것으로 해석할 수 있다. 식물이 물을 제대로 흡수하지 못하는 경우는 뿌리가 썩었거나 저온, 다습을 들 수 있다. 뿌리가 썩은 경우는 다른 식물에 비해 화분흙이 마르지 않는데, 이때는 흙을 파헤쳐 뿌리 부분을 확인해야 한다. 확인 후 썩는 것이 진행되고 있다면 거름기가 없고 물이 잘 빠지는 모래 등에 옮겨 심는다.

큰 식물인 경우는 뿌리가 썩어도 쉽게 시들거나 죽지 않는데, 이는 줄기 내의 수분이나 영양분을 가지고 한 동안 살기 때문이다. 그러므로 큰 식물이 흙이 마르지 않고 잎에 생기가 없다면 뿌리에 이상이 있는지를 살펴보고 이상이 있다면 물 주는 횟수를 줄이거나 분갈이를 해 준다.

물이 잘 빠지지 않는다

물 빠짐이 좋지 않은 흙을 화분용 흙으로 사용했거나 분 속에 뿌리가 가득 차 있는 경우에 그렇다. 이 경우는 물을 주어도 물이 빠지지 않기 때문에 아래의 뿌리가 물 부족으로 말라 죽기 쉽고 그로 인해 잎 끝도 다갈색으로 변하거나 시들게 된다. 그러므로 이때는 분갈이를 해 주거나 막대 등으로 물이 들어갈 수 있도록 찔러 준다.

아래 잎이 떨어져 보기가 흉하다

줄기의 아래 쪽 잎이 떨어져 보기가 흉한 것은 잎이 있는 부분을 공중떼기(취목)로 하거나 꺾꽂이하여 새 그루를 마련한다. 어미그루는 분갈이를 해 두면 새로운 싹이 나와 가지를 형성하여 아담하게 되므로 다시 아름다운 모양의 식물로 만들 수가 있다.

잎이 갑자기 누렇게 되면서 떨어져 버린다

불규칙한 물 주기, 공기의 건조, 급격한 온도의 변화 등 다양한 원인이 있으나 대표적인 것은 햇볕이 쪼이는 밝은 곳에서 재배하던 식물을 어두운 실내로 들여놓았거나 급격한 온도변화에 의한 것이다. 특히 벤자민고무나무의 경우는 밝은 곳에 있던 것을 갑자기 어두운 실내로 들여놓게 되면 잎이 누렇게 되면서 떨어지기 쉽다. 그러므로 환경 조건을 바꿀 때는 환경변화에 적응할 수 있도록 갑자기 바꾸지 말고 천천히 바꾸도록 한다.

줄기가 웃자라며 식물의 세력이 약해진다

일조 부족이 대표적인 원인이다. 일조 부족인 경우에는 잎에 무늬가 있는 식물의 경우 무늬가 점점 없어지며, 잎이 생기가 없어지고 줄기도 웃자라게 된다. 이때는 서서히 햇볕에 순응시켜 나가면서 햇볕을 충분히 받도록 한다. 특히 파키라처럼 웃자란 것은 장마가

되기 전에 줄기를 잘라 싹을 틔운다.

벤자민고무나무 잎이 자꾸 떨어진다

광선 부족, 물 부족이 가장 큰 원인이다. 벤자민고무나무는 원래 광선을 좋아하는 식물이지만 그늘에서도 잘 자라기 때문에 실내 식물로서 인기가 있다. 그러나 그늘에서 잘 자란다고 해서 어두운 장소에 놓아두면 안 된다. 어두운 장소에 오랫동안 놓아두면 잎이 떨어지고, 안쪽 가지들이 말라죽기 때문에 창가의 밝은 장소로 옮겨 주는 것이 좋다(단, 밝은 곳에서 어두운 곳으로, 어두운 곳에서 밝은 쪽으로 옮길 때는 갑자기 옮기게 되면 스트레스를 받아 잎이 떨어지므로 빛의 양을 조금씩 늘리거나 줄여가면서 옮겨 주는 것이 좋다).

건조에는 어느 정도 강한 편이지만 심하게 건조되면 낙엽이 지거나 작은 가지들이 마르게 된다. 반대로 물이 많아도 같은 결과를 나타낸다. 물 주기에 적당한 시기는 화분의 흙이 조금 마른 듯할 때 이다. 만약 아래 잎이 떨어져 볼품이 없어지면 줄기와 뿌리 일부분을 잘라 심는다. 그렇게 하면 싹이 빨리 나오고 싹의 세력도 강하게 된다.

골드크레스트의 잎이 바삭바삭 말라간다

건조나 냉방기의 냉기에 의한 것이다. 골드크레스트는 침엽수이므로 물이 끊기게 되면 잎이 바삭바삭하게 되어 재생이 어렵다. 그러므로 화분의 흙이 건조하지 않도록 물 관리에 유의해야 한다. 냉방기에 의한 경우는 일부분만 말라지므로 재생이 가능하지만 나무 모양이 보기 싫게 되므로 새롭게 수형을 생각하며 전정을 한다.

테이블야자 및 켄차야자를 실외에 두었더니 잎이 하얗게 되고 말았다

잎이 탔거나 진딧물이 원인이다. 반음지를 좋아하는 테이블야자는 내음성이 강하여 그린 인테리어용으로 적합하다. 이 식물을 광선이 강한 장소에 놓으면 잎이 타서 하얗게 되어버린다. 광선이 약한 장소에서 하얗게 변해 버린 경우는 진딧물에 의한 피해이다. 진딧물은 잎 뒤쪽에 발생하기 쉽고 잎의 즙액을 빨아먹은 흔적이 하얗게 변하기 때문이다.

행운목 잎 색깔이 나쁘게 되고 생육도 나쁘다

뿌리 썩음이 원인이다. 행운목은 외국에서 수입하여 화분에 심어서 판매하는 식물이다. 이 식물은 뿌리가 없어도 나무 자체에 많은 양분을 함유하고 있는 것으로, 잎이 나왔다고 해서 뿌리가 많이 있는 것은 아니다. 싹이 자라난 다음 뿌리가 자란다는 점을 염두에 두어야 한다. 따라서 잎 색깔이 나쁘게 된 것은 잎이 나온 뒤에도 뿌리가 뻗지 않았거나 절단 부위의 줄기가 썩었기 때문이므로 심한 것은 줄기를 뽑아 물 빠짐이 좋은 흙에 다시 심고 과습되지 않도록 한다.

얼어 죽거나 잎이 빛에 탄다

겨울에 온도가 낮으면 얼어 죽고, 그늘에 강한 식물은 직사광선이 쪼이는 곳에 두거나 여름에 밖에 두었을 때 많이 발생하므로 창가에 두어야 할 것, 안쪽에 두어야 할 것, 그늘에 두어야 할 것, 밝은 곳에 두어야 할 것을 파악해서 관리한다.

상품의 진열

꽃집에서 상품의 진열은 상품 판매, 매장 공간의 활용, 작업의 효율성 등과 밀접한 관련이 있다. 진열을 잘 하면 고객의 시선을 끌어 사고 싶은 충동을 일으키게 하고, 이는 방문 고객 수를 늘리게 하는 원동력이 된다. 또 같은 상품이라도 어떻게 진열하느냐에 따라 달리 보여 판매 가격과 판매량에 영향을 미친다.

매장의 공간 활용 측면에서도 진열을 잘해 두면 효율적으로 활용할 수 있는 반면 잘못하면 산만하고 좁아 보이며, 고객이 상품을 구매할 때도 불편하다. 그러므로 상품을 구입하여 진열할 때는 상품 특성, 동선 계획, 고객의 특성 등을 고려하여 진열하는 것이 좋다.

꽃집 안의 상품 진열

상품을 구입하여 진열하는 것은 내부 동선 계획과도 밀접한 관련이 있으며, 취급 상품, 매장 면적과 높이, 고객층에 따라 달라지는데 일반적으로는 다음과 같이 하는 것이 좋다.

상품의 종류와 특성에 따른 진열

* 상품의 종류와 크기가 비슷한 것끼리 혹은 색채적으로 비슷한 것끼리 모아 고객의 눈길을 끌도록 한다.
* 상품 전체를 볼 수 있도록 중앙에는 키가 작은 상품을 진열하고 키가 큰 상품은 벽 쪽에 진열한다. 매장 면적이 넓을 때는 중앙에 별도의 진열 공간을 확보한 다음 키가 큰 것을 중앙에 놓고 주변에 작은 것을 진열한다.
* 광이 많이 들어오는 곳에는 광을 좋아하는 것, 그늘에는 그늘에서 강한 식물을 배치한다. 여름이나 겨울에는 출입구 등 추운 곳에는 저온에 강한 것을, 추위에 약한 것은 난로 옆 등에 배치하는 등 식물의 생육 특성을 고려하여 진열한다.
* 시클라멘, 양란 등 꽃이 피고 화려한 식물은 진열장이나 창가에 진열하여 흥미를 유발하도록 한다.
* 소품이나 분화는 출입구 가까운 곳에 진열한다.

* 다른 물체와 접촉되거나 바람 등에 쉽게 손상되는 상품은 출입구와 다소 떨어진 곳에 진열한다.

매장 공간에 따른 진열

》 진열장 및 창가

꽃집의 규모가 큰 곳에는 별도의 진열장이 마련되어 있고, 면적이 적은 꽃집에서는 창가가 진열장 역할을 대신한다. 어느 경우이든 꽃집 밖에서 보았을 때 시선이 제일 먼저 가는 공간이라는 점을 우선적으로 생각하고 다음과 같은 사항을 고려하는 게 좋다.

* 꽃바구니나 꽃꽂이 작품을 진열한다.
* 계절을 나타내는 상품을 포장하는 등 화려하게 연출하여 진열한다.
* 기념일 등 행사와 관련된 상품을 전시한다.
* 가능하다면 동적인 느낌을 주어 주의를 끌도록 한다.
* 간결하고 청결한 이미지를 주도록 한다.
* 꽃집 밖에서 안쪽을 보았을 때 진열 상품이 시선에 장애가 되지 않도록 다소 키가 낮은 상품 위주로 진열한다. 창가에 입체적으로 진열하면 매장이 좁아 보이고 답답해 보인다.
* 순환도로나 간선도로 주변에 있는 비닐하우스형 매장들은 보통 전면을 넓은 세시틀로 짜서 매장 안쪽이 들여다보이도록 되

그림 2-5 꽃집 출입구는 밝은 이미지를 줄 수 있도록 화려한 꽃이나 식물을 진열하는 게 좋다.

어 있는데, 이런 곳에서는 화환 등을 제작하여 진열해 놓고 언제라도 구입할 수 있게 하면 효율적이다.

》 출입구 부근

출입구는 꽃집을 들어설 때 꽃집의 첫인상을 결정하는 곳이므로 꽃이 있는 분식물이나 밝은 색의 관엽식물, 절화상품 등을 진열하여 고객들에게 밝은 이미지를 심어 주도록 한다(그림 2-5). 또 출입구는 통행이 많은 곳이기 때문에 상품이 통행에 장애가 되거나 몸에 걸려 손상되지 않도록 한다.

》 매장 안쪽

매장 안쪽도 꽃집이 클 경우 중앙이나 벽면, 계산대, 접객 공간 등에 따라 구분되기 때문에 그 특성에 맞게 진열하는 것이 좋다. 다음은 일반적인 꽃집에서 상품을 진열할 때 고려하면 좋은 사항들이다.

* 관엽식물로 판매량이 많은 것들은 별도의 코너를 마련해 한꺼번에 둔다.
* 입체감이 있는 진열장을 활용하여 다량의 상품을 구비함과 동시에 생동감 있게 진열한다.
* 고객들이 상품을 선택할 때 식물에 부딪히지 않을 정도의 공간을 확보하고 진열한다.
* 재고품이나 상품성이 떨어지는 것은 눈에 잘 띄지 않는 곳에서 별도로 관리하거나 다른 곳에 위탁한다.
* 특별 상품은 매장 내 동선상 시선이 잘 닿는 곳에 진열한다.

점포 외부 진열

꽃집의 상품은 꽃집 내뿐만 아니라 밖에도 진열할 수 있다. 꽃집

밖에 진열하게 되면 공간의 활용에 따라 더 많은 상품을 진열할 수 있고, 실외의 진열 공간과 내부가 연결되는 듯한 이미지를 주는 점 외에도 마케팅 측면에서 큰 의미가 있다. 따라서 다음과 같이 적극적으로 활용하는 게 좋다.

계절상품의 진열

계절상품을 진열하여 구매 욕구를 자극하는 것이 좋다. 계절별로는 봄의 경우 팬지, 데이지, 수선화, 라넌큘러스, 아네모네 등 초화류나 구근식물을 진열하여 눈길을 끌 수 있도록 한다. 여름에는 꽃베고니아, 칼랑코에 등의 분화 식물과 허브식물 그리고 벤자민, 파키라, 홍콩과 같은 관엽식물이 좋다. 가을에는 국화를 대량 진열해도 좋고 포인세티아, 피라칸사스, 남천 등 색채적으로 화려하거나 열매가 있는 것을 진열한다. 겨울에는 추위 때문에 진열할 수 있는 것이 제한되어 있는데, 남부지방에서는 종려, 동백, 남천 등을 진열하는 것이 좋다.

특정 상품의 대량 진열

특정 상품을 많이 진열하여 풍부하게 보이도록 하면 고객들의 시선을 쉽게 끌 수 있고, 소비자들은 선택폭이 넓고 가격이 쌀 것 같다는 생각을 가지게 되어 구매량이 증가한다. 진열시는 값싸고 많이 할 수 있는 것으로 한다. 아무래도 외부에 두면 손상되기가 쉽기 때문이다. 봄철의 1, 2년초, 여름의 벤자민고무나무, 허브, 가을의 국화와 피라칸사스 등이 대량 진열하기에 좋은 상품들이다.

절화 상품의 진열

절화 상품은 꽃집 밖에 진열할 경우 건조되기 쉽고, 꽃이 상하기 쉬우므로 가능한 한 실내에 진열하는 것이 좋다. 그러나 시내 번화가나 대학가 등에서 꽃다발이나 꽃바구니 위주로 판매를 할 때, 기념일에 대량으로 제작하여 진열해 놓고 팔 때는 꽃다발의 경우 줄기 끝을 물에 꽂을 수 있도록 하고, 꽃바구니는 가능한 손상이 적은 꽃을 사용하여 제작한 다음 바람이 잘 닿지 않는 곳에 진열한다(그림 2-6).

그림 2-6. 절화 상품을 실외에 진열하면 구매욕을 자극하는 효과가 있지만 상품이 손상되기 쉬우므로 대책을 세워야 한다.

조화를 이용하여 진열

차량 통행이 많고, 주택가나 사무실이 많은 곳에서 조금 떨어진 2차선 이상의 도로에 접하고 있을 때는 조화 같은 것으로 인조목을 만들거나 꽃바구니를 꽂아 진열한다. 또 조화 식물을 식물들 사이에 섞어 놓음으로써 화려하게 장식하여 꽃집의 존재를 인식시킨다.

기획 상품과 이색 상품 진열

각종 기념일에 특정 상품을 팔고자 할 때는 매장 밖에 진열대와 현수막 등을 만들어 진열하면 고객들의 시선을 쉽게 끌 수 있다.

대도시의 경우 조화 장미 365송이를 사용하여 하트를 만든 다음 꽃집의 외관에 부착해 놓으면 고객들에게 꽃집의 존재가 쉽게 인식될 수 있다. 또 이색상품을 진열하거나 부착해 놓아도 매스미디어에 소개되기 쉽고 이는 꽃집의 홍보에 직결되기도 한다.

상품의 연출과 진열

꽃집 밖의 진열대, 창가나 출입구에 진열하는 상품은 포장을 한 후 진열함으로써 포장지의 색에 의해 주의력을 끌 수 있고, 상품의 가치가 높아져 구매력을 높이는 데 효과적이다. 또 포장을 해 놓으면 갑작스런 주문이나 방문 구매시 고객이 곧바로 사 가지고 갈 수 있고, 고객들이 어느 포장을 선호하는지도 파악할 수 있다.

라벨 붙이기

상품에 라벨을 붙여 놓으면 진열 효과가 높아지는 등, 여러 가지 점에서도 좋다. 우선 꽃집을 창업한 직후에는 많은 식물의 이름을 제대로 외우지 못한다. 그래서 고객이 물어 봐도 상품 설명을 제대로 못하게 되는데 이때 라벨(상품으로 판매되는 것이 있다)에 이름을 기재해 붙여 놓으면 대답을 못할 염려는 없다. 또 고객의 입장에서 볼 때도 가격을 붙여 놓지 않으면 계획 구매가 어렵고, 가격 교섭에서 시간이 많이 걸리므로 상품마다 라벨을 붙여놓는 게 좋다. 더불어 꽃집 연락처까지 기재해 놓으면 구매 고객이 재배 관리를 위한 물 주기, 재구입 등의 문제가 발생했을 때 문의하기가 쉽다.

고객의 입장에서 진열

진열에는 여러 가지 이론이 있지만 꽃집의 유형이 다양하고 입지나 취급 품목에 따라서도 상황이 틀려진다. 그러므로 상품을 구입 후 이론에 맞게 진열하려고 해도 적용하기가 어려울 때가 있다. 이때는 고객의 입장에서 진열하는 것이 좋다. 즉 내가 고객이라면 어떻게 진열해 놓는 것이 눈에 잘 들어오고, 점포에 들어가고 싶을까 하는 점에서 검토하는 것이다. 그러자면 우선 많은 꽃집을 상대로 진열 상태를 조사 분석함으로써 감각을 익히는 것이 좋다. 꽃집에 따라서 깔끔하고 들어가 보고 싶은 곳이 있는가 하면, 지저분하고 산만해 보여 들어가 보고 싶지 않은 곳이 있는데 자꾸 보고 분석하다 보면 분명 그 차이점을 찾을 수 있다.

상품의 제작과 연출

꽃집을 개업하게 되면 경영주 자신이 상품을 직접 제작하거나 디자이너를 채용하여 제작해야 하는데, 어느 경우이든 궁극적으로 꽃집은 작품이 아닌 상품을 판매하는 곳이라는 점에서 경영하는 측보다는 소비자들이 선호하는 상품 위주로 제작하고 판매해야 한다. 또 꽃집은 상품을 판매하여 그 이익금으로 운영된다는 점에서 원가를 생각하며 제작하여 이익이 남도록 해야 한다.

자신감을 갖고 제작한다

꽃집을 개업한 초창기에 혹은 꽃집을 운영하는 내내 접객과 상품 제작에 자신감을 갖지 못하는 경영주들이 있다. 이런 경우 경영주가 자신감을 갖지 못하는 만큼 소비자들은 꽃집을 불신하게 된다. 그러나 일반적인 소비자들은 꽃집을 경영하기 위해 배우고, 경험을 쌓은 경영주보다 꽃이나 꽃 상품에 대한 지식이 옅기 마련이다. 그러므로 상품을 제작할 때는 이런 점을 염두에 두고서 자신감을 갖고 하는 게 좋다.

작품보다는 상품을 만들어야 한다

꽃집에서 꽃을 팔 때는 생산지에 생산된 꽃 그 자체만을 파는 것이 아니라 꽃을 소재로 한 화환, 꽃바구니, 꽃다발 등 여러 가지 형태들을 만들어 판매한다. 이 점 때문에 예로부터 꽃을 예능적인 차원에서 다뤄왔던 우리나라에서는 꽃으로 어떤 형태를 만들어 연출한 것은 일단 작품이라는 개념이 강하고 실제로 작품성을 추구하는 꽃 전문점도 많다.

하지만 꽃집 경영에서는 작품이라는 개념도 중요하지만 고객의 요구를 만족시켜 준다는 점에서 상품이라는 개념이 더 중요하므로 고객이 원하는 상품 위주로 제작하여 일정액의 마진율을 확보해야 한다. 특히 꽃다발을 만들거나 꽃바구니를 꽂을 때 원가에 대한 개념 없이 작품성이 없다고 꽃을 자꾸 추가하다가는 원가도 회수하지 못하는 경우가 있으므로 유의해야 한다.

한편, 요즈음은 일반 소비자들도 무조건 풍성하게 제작한 상품을 선호하던 과거와는 달리 디자인 위주로 평가하면서 그에 맞는 가격대의 상품을 구입하고 있는 실정이다. 그러므로 같은 상품일지라도 고객의 성향에 따라 다르게 제작해야 한다.

상품의 제작과 포장

꽃집을 창업하기 위해 플라워디자인 수업이나 연수를 할 때, 그리고 개업 초기에는 누구나 조금이라도 더 배우기 위해 적극적으로 노력하고 관련 서적도 많이 사 본다. 그렇기 때문에 개업 초기에는 자신감이나 경험이 다소 부족해도 상품의 질 측면에서는 우수한 꽃집이 많다. 그러나 문제는 꽃집이 어느 정도 순조롭게 운영이 되면서부터 빠지게 되는 매너리즘이다. 일단 매너리즘에 젖게 되면 가게 운영은 물론 꽃다발, 꽃바구니 제작이나 포장도 변화 없이 몇 가지 스타일만 반복하곤 하는데 그래서는 더 이상 발전하기가 어렵다.

꽃집의 상품은 유행을 타는 상품이 많다. 똑같은 꽃다발이나 꽃바구니도 연출하거나 꽂는 스타일에 변화가 있고, 포장도 수시로 유행하는 것으로 바뀌는 것이다. 그런 만큼 끊임없이 공부하면서 새로운 정보나 기술을 받아들여야 유행에 뒤떨어지지 않는 상품을 제작할 수 있고, 고객들로부터도 외면당하지 않는다.

타 지역 주문 상품의 제작

통신배달 주문의 활성화에 따라 요즘은 자신의 매장에서 직접 주문을 받은 것 외에 다른 지역의 꽃집이나 통신배달회사에서 주문 받은 상품까지 제작해야 하는 경우가 많다. 이 경우 주문을 받은 곳과 제작하는 곳이 다르기 때문에 자칫 주문자의 의도와는 다른 상품이 제작되거나, 유통비용(중계료)의 증가에 의해 상품이 부실해지는 문제가 발생할 수 있다.

따라서 타 지역 주문 상품은 우선 주문 내용을 정확하게 기재하고 조금이라도 의심스러운 부분은 반드시 주문 받은 꽃집에 확인을 해야 한다. 특히 발주 꽃집으로부터 상품 이미지의 확인 요청이 있을 때는 해당 꽃집의 홈페이지나 이메일 등을 통해 이미지를 확인한 후 제작에 들어가도록 한다. 꽃 배달 회사의 주문일 경우 홈페이지 내에서 상품번호와 상품명을 확인하고 이미지에 맞게 제작하도록 한다. 상품의 부실 문제는 특히 통신배달 주문에서 자주 발생하고 있는데, 자기 고객의 주문을 다른 꽃집으로 발주했을 경우를 생각해서라도 최선을 다해 제작해야 한다.

리본 글씨

우리나라에서는 꽃이 업무용으로 많이 이용되다 보니 디자인 못지않게 리본의 글씨도 매우 중요하게 취급되고 있다. 그래서 예전에는 꽃집을 창업하기 위해서는 서예학원부터 다녔어야 했는데, 최근에는 컴퓨터의 보급과 리본 글씨용 프로그램도 개발되어 있으므로 이와 관련된 프로그램을 구입하여 활용하는 것이 좋다. 그러나 현재도 손으로 쓴 글씨를 선호하는 고객이 있고, 갑작스러운 프린터용 잉크 부족, 프린터의 오작동에 의해 리본 글씨를 프린터하지 못하는 경우가 발생할 수 있으므로 기본적인 솜씨는 익혀 두어야 한다.

예컨대 대기업의 대표나 정치인 등 큰 거래처의 일부 고객은 글씨체나 형식을 정해주고 손으로 써 주길 주문하는 경우도 있으므로 리본 글씨를 잘 쓰는 곳 2-3군데 정도는 파악해 두고 필요 시 필경료(筆耕料)를 주어서라도 고객의 주문에 대응하도록 한다.

리본 글씨의 보호

리본의 글씨를 특별히 보호할 필요는 없다. 그러나 비가 오는 날 상품을 실외에 배치해야 하는 경우는 글씨가 씌어진 리본 글씨의 먹물이나 잉크가 빗물에 번지거나 흘러내린다. 그렇게 되면 상품이 지저분해질 뿐만 아니라 누가 보냈는지도 모르게 되어 보낸 의미가 없어지는 상황이 되어 버린다. 따라서 이런 경우에는 글씨를 보호해야 한다. 보호 방법은 폭 18cm 통 비닐을 이용해 리본을 커버하는 방법으로, 리본을 비닐 속에 넣어 고정하면 된다. 비닐은 자재상이나 비닐 점포에서 구입할 수 있다.

리본의 부착

상품이 완성되면 글씨를 쓴 리본을 부착하게 되는데, 이때 리본의 색깔, 재질, 넓이, 길이, 부착 방법에 따라 상품의 최종 이미지가 달라지므로 이를 고려해야 한다. 특히 리본을 부착할 때는 리본머리의 연출에 신경을 쓰면서, 상품 정면에 부착하는 것이 좋으나 상품에 따라서는 보기 좋은 부분은 살리고 허술한 부분은 커버하는 측면에서 부착해도 좋다. 리본을 부착한 후에는 리본이 잘 보이도록 정리를 해주고, 실외에 배치할 경우는 바람에 날리지 않도록 스테이플러(호치키스)로 고정을 해 두는 것이 좋다(그림 2-7).

메시지카드 및 문구

화환이나 관엽식물을 업무용으로 이용할 때는 리본의 사용이 많지만 개인 간의 선물용 상품에서는 전하고자 하는 말을 메시지카드에 작성하여 보내는 경우가 많다. 메시지카드는 꽃을 주문하는 사람이 준비하는 경우도 있지만 통신주문이 많아지면서, 또 방문고객이라도 미처 준비하지 못한 고객들을 위해 가능한 한 예쁘고 독창적인 카드를 준비해 두고 활용하는 것이 좋다.

그림 2-7. 리본이 바람에 날리는 것을 방지하기 위해서는 스테이플러를 이용해 리본의 양쪽 아래 부분을 식물체에 고정하는 것이 좋다.

메시지카드 내용은 불러주거나 작성 후 팩시밀리 등을 통해 송부해 주는 경우도 있으나 알아서 써 달라고 하는 경우도 종종 있다. 이 경우를 대비하여 결혼기념일, 생일, 만난 지 100일 등 각종 상황에 맞는 문구를 작성해 놓은 다음 활용하면 좋다. 시중에 나와 있는 메시지카드 문구용 단행본이나 각 꽃 배달업체의 회원명부 등을 이용해 활용해도 좋다.

카드에 메시지 내용을 적을 때는 컴퓨터로 프린터를 하거나 가능한 한 예쁜 글씨로 써 주문자의 정성이 전해지도록 최선을 다한다.

메시지카드의 첨부

카드에 메시지를 적은 다음에는 점포의 상호와 전화번호 등이 기재된 깜직한 스티커를 준비하여 봉인한다. 완성된 메시지카드는 꽃과 꽃 사이에 넣거나 부착할 수도 있으나 배달 중 분실 염려가 많으므로 텍을 이용해 첨부하는 것이 좋다.

상품 가격 매기기

가격은 꽃집뿐 아니라 모든 소매점에서 비즈니스의 기본이 된다. 상품의 가격이 가지는 양면성을 보면, 점포 측에서 볼 때는 매출액이 되고 그 매출액에는 재료를 구입할 때 드는 비용, 인건비나 광고 홍보비 등의 경비가 포함된다. 따라서 매출액과 원가의 차이가 클수록 이익이 많이 나지만 그 이익은 장기적으로 점포의 유지 발전에 기여를 할 때 좋은 것이다. 그런 만큼 상품 가격은 소매점의 목숨과 같은 것이다.

가격은 소비자에게도 극히 중요한 의미를 가지는 것으로 구입 여부를 결정하는 커다란 요인 중의 하나이다. 고객들은 물건을 구입할 때 가격과 상품 가치를 비교한다. 그 때 '가격〈가치' 로 판단되면 구입할 가능성이 높고, 반대로 '가격〉가치' 로 판단되면 구입 가능성이 낮아진다. 이와 같이 가격은 꽃집과 소비자 모두에게 중요한 의미와 양면성을 갖고 있으므로 충분한 이해를 통해 효율적으로 활용해야 한다.

가격 설정

꽃집에서 가격 설정은 쉽지가 않다. 꽃집 입장에서는 돈을 더 많이 벌기 위해서 판매가를 높여야 하지만 판매가를 높이면 고객에게 부담을 주어서 판매량이 떨어지기 때문이다. 결과적으로 싸게 판 경우보다 점포의 생산성이 떨어질 수 있고, 입지 조건이 안 맞으면 싸게 많이 파는 것도 불가능하다. 그런 점에서 ① 싸게, 많이 팔리도록 한다. ② 많이 팔리기 때문에 싸게 판다. ③ 싸지 않으므로 많이 팔리지 않는다. ④ 비싸므로 많이 팔리지 않는다. ⑤ 싸게 안 팔아도 많이 팔린다. ⑥ 비싸게 팔아도 많이 팔린다 등과 같이 복잡한 게 꽃집의 가격 정책이다. 따라서 전략적인 검토 없이 습관적으로 가격을 붙이는 습관은 피해야 한다.

일반적인 가격 설정 방법

꽃집에서 일반적으로 사용하는 가격 설정 방법은 상품의 구입 원가에 마진율을 더해 판매하는 것이다. 이때 마진율에는 디자인료, 배달, 부자재 등 다양한 것이 포함되는데도 '판매가-원가=마진'으로 생각하는 게 꽃집의 현실이다.

현재 일반적인 판매가는 꽃집마다 다소 차이가 있지만 난이나 관엽식물의 경우 구매가를 1로 했을 때 판매가는 1.5-2.5 정도이다. 즉, 10,000원에 구입한 것은 15,000원에서 25,000원까지 팔리고 있는데 대체적으로는 20,000원 선에서 팔리고 있다. 절화 상품도 비슷하지만 절화의 경우 디자인을 해야 하고, 부자재의 소요가 많이 되는 만큼 실제적으로는 난이나 관엽식물에 비해 이윤이 낮은 편이다.

한편, 꽃집에서 생각하는 마진에는 디자인비, 배달료, 경영비 등 여러 가지 요인이 포함되어 있다. 때문에 단순히 '판매가 - 원가=마진' 으로 생각하고 가격 설정을 하면 손해를 보는 경우가 있다. 판매가에는 항상 '판매가(100%)=재료비(30%)+인건비(20%)+경영비(35%)+이윤(15%)' 이라는 공식을 적용해 적정한 이윤을 확보해야 한다.

창업 초기의 가격 설정

꽃집을 개업한 초기에는 기술 수준, 경험 미비, 고객 확보, 고객층 측면에서 질보다 양을 추구하는 게 좋다. 왜냐하면 경험 미비로 상품을 구매할 때 다른 꽃집보다 비싸게 구입하거나 좋은 상품을 구입하지 못한 상태에서 똑같은 가격으로 판매를 하면 상대적으로 비싸게 보인다.

또 꽃집에서 파는 상품은 대부분 꽃에 기술이 더해지는 것인데 처음에는 기술 수준이 낮아 많은 재료를 사용해도 상품의 가치가 낮아 보이기 때문에 비싸게 여겨진다. 상품을 보는 눈도 약해 잘 팔리는 상품과 안 팔리는 상품을 제대로 구별하지 못하고 구매한 결과 구매력이 약한 상품이 많고 자본력도 약해 구색을 제대로 갖출 수가 없는 경우가 많다. 접객 경험도 미비해, 고객이 어떤 가격대를 선호하는가를 파악하기 어려운 상태에서 고가격을 제안하면 거래가 이루어지기 어렵다. 고정 고객도 많지 않기 때문에 저가, 중가, 고가 상품을 구입하는 고객층으로 분류하여 그에 맞는 가격 정책을 펴기도 어렵다. 그러므로 창업 초기에는 가능한 한 싸게 팔아 고객을 유인해야 한다.

중가 설정 시기

꽃집을 개업하고 어느 정도 시간이 흐르면 상품의 구매나 접객, 디자인 경험이 어느 정도 쌓이고 상품의 구색도 고객 위주로 갖추어지게 된다. 소위 일반적인 꽃집의 모양새를 갖추게 되는데 이때부터는 가격을 중가로 설정하여 판촉활동도 적극적으로 하는 것이 좋다. 계속해서 너무 낮은 가격을 설정하면 판매량은 다소 많더라도 이익률이 낮아 경영이 비효율적으로 흐르게 된다. 고객층도 싼 것만 선호하는 사람 위주로 형성 되어 매장의 상품 구성 자체가 싼 것 위주로 흐르면서 매출 증가가 쉽지 않게 된다. 그러므로 창업 후 어느 정도 시간이 지나면 중가를 설정하고 상품 구색도 저가상품, 중가상품, 고가상품으로 차별화하여 고객층을 다양화하도록 한다.

고가 설정 시기

꽃집의 기술 수준이 높아지고 상품 구색도 다양하게 갖추어지는 등 연륜이 쌓이면 고객도 다양한 층이 형성된다. 다수의 고객층이 형성되면 저가만 선호하는 고객, 중 · 고가 위주로 구매하는 고객으로 분류가 가능한데, 저가 상품만 선호하는 고객을 판매 대상에서 제외해도 경영상 크게 문제가 없다고 분석되면 상품을 고가 위주로 구성할 필요가 있다.

이러한 고가 설정은 꽃집에서 큰 의미가 있다. 저가 위주의 상품은 상품 수에 비해 마진율이 적어 생산성이 낮지만 고가 상품은 제작이나 배달에 소요되는 시간은 저가 상품과 비슷하면서 마진율은 높기 때문에 생산성을 쉽게 높일 수 있다. 또 저가 위주로 구매하는 고객들은 상품보다는 가격에 비중을 두는 반면 고가 위주로 구매하는 고객들은 가격보다는 상품의 질 측면에 비중을 두는 경향이 강해 접객이 쉬울 뿐 아니라 꽃집의 수준도 끌어올릴 수 있다.

온라인가 설정

꽃 전문 온라인 쇼핑몰에서의 가격 설정은 꽃집 수준이거나 꽃집 가격보다 다소 높게 설정하는 것이 좋다. 보통 온라인상의 가격은 낮게 책정되어 있는 것이 상식이지만 꽃에서는 이를 적용하기가 쉽지 않다.

왜냐하면 다른 상품의 경우 생산→판매장→영업→소비자로 이어지는 유통 단계를 온라인에 의해 생산→온라인→소비자로 줄이는 것이 가능하기 때문에 물류비용, 판매장 소요비, 영업비용 등을 줄일 수 있다. 그런데 꽃의 경우는 꽃집→소비자에서 꽃집→온라인→꽃집→소비자로 되기 때문에 유통단계가 오히려 늘어난다. 거기다 온라인 업체의 마진율 확보와 통신판매 수수료까지 고려해야 하므로 온라인가는 꽃집 판매가보다 다소 비싸게 설정해야 한다.

절화 상품의 가격 설정

꽃집 상품 중 관엽식물, 분화류, 난 등은 가격 설정이 비교적 단순하다. 상품의 가격 변동이 적고 분갈이나 단순한 포장 외에는 별도의 부가가치를 더하거나 가공할 필요성도 적어 구입가에 몇 배 정도의 마진을 붙여 팔면 되기 때문이다.

그런데 절화의 경우, 가격 변화가 심한데도 꽃바구니, 화환 등 일부 절화 상품은 고정 가격제를 실시하고 있다. 또 작품이라는 개념이 강해서, 꽃을 꽂다 보면 가격보다는 작품성에 신경을 쓰게 되고 그 결과 판매가보다 원가가 많이 들어가는 경우도 발생한다. 그러므로 절화상품 가격은 가격 변화 상황을 고객에게 알림과 동시에 늘 원가를 의식하며 제작해야 한다.

고정 가격

꽃집을 개업한 후 혼란스러운 것 중의 하나가 가격 정책이다. 언뜻 생각할 때는 구입가에서 몇 %의 마진만 남기면 될 것 같지만 실상은 그렇지 않다. 특히 절화의 경우는 가격 변동이 극심해 하루 사이는 물론 오전, 오후의 가격이 다르다. 이 경우 무조건 구입가의 몇 %에 해당하는 마진율만 붙여 판매하면 소비자들로부터 신뢰를 받고, 판매하기도 편할 것이라 생각되겠지만 부정적인 면도 존재한다.

가령, 장미 1단을 하루 전에는 5000원에, 다음 날은 3천원에 구입했다면 신선하고 좋은 것이 더 싸게 되는 가격 역전 현상이 일어난다. 이 현상 때문에 어떤 소비자가 장미 20송이 꽃다발을 주문했는데, 어제는 1만 원이고, 오늘은 1만 5천원이 되는 상황이 발생하는데, 이럴 경우 소비자는 꽃집을 불신하기 쉽다. 이런 점 때문에 절화는 고정 가격제를 채용하는 것이 좋다. 분식물의 경우에도 월동 전후 외에는 구입 가격에 차이가 별로 없으므로 판매시 고정 가격제를 채용, 고수하는 것이 좋다.

선물용 상품의 가격

우리나라에서 꽃의 소비 용도는 선물용 상품(증정용, 업무용 등)의 비중이 압도적으로 많다. 선물용 수요가 많음에 따라 꽃집은 선물용에 맞는 상품을 많이 구비하고 있다. 그런데 선물용 상품으로 선호되는 기준은 관상성이나 재배 용이성보다는 가격이다.

그 이유는 사람들이 선물을 할 때 우선 가격을 결정하고 그 가격선에서 상품을 선택하기 때문이다. 구체적으로 받는 사람이나 거래처와의 관계에 따라 3만 원, 5만 원, 10만 원 등으로 결정한 다음 그 금액에 맞는 화훼를 결정하는 것이다. 그래서 꽃집에서는 관엽식물, 화환, 난, 꽃바구니 등 상품도 종류나 품질의 다양성 확보보다는 가격군의 다양성을 확보한 다음 고객의 주문에 대응하고 있다.

그런데 이처럼 가격을 중시한 선물용 수요가 많은 현실은 이미 가치가 결정되어 사회적으로 통용되는 기존의 화훼 외에 신규화훼의 도입이나 다양한 화훼의 판매 보급에 장애요인이 되고 있기도 하다. 또 가격 중시의 선물용 상품은 같은 상품이라도 가격을 낮추어 판매할 때는 소비확대보다는 소비감소라는 기이한 현상을 야기할 소지까지 있다. 가령, 보세란의 경우 분당 5만 원에 거래된다고 가정하면 소비자가 보세란을 선물용으로 사고자 할 때는 그 원가나 실제 가치보다는 통상 5만 원으로 거래되기 때문에 5만 원 정도의 선물을 하고자 할 때 구입하여 선물하게 된다. 그러면 선물을 받은 사람 또한 5만 원 정도의 선물을 받았다고 생각하므로 선물하는 사람과 받는 사람 간에 커뮤니케이션이 이루어진다. 그런데 보세란을 많이 팔기 위해 가격을 3만 원 정도로 낮췄을 때 선물용으로 5만 원 정도를 생각하고 있는 소비자는 보세란이 아닌 5만 원 정도 되는 다른 화훼를 구입하게 되므로 보세란의 판매는 오히려 감소될 수 있다. 이것은 선물용 수요가 극도로 많은 우리나라의 경우, 가격과 소비 관계가 반드시 정비례 되지는 않는다는 것을 의미한다. 동시에 꽃집에서의 선물용 상품의 가격은 상품의 실제적 가치보다는 사회적으로 인식되고 있는 가격으로 설정할 필요가 있음을 암시한다.

온라인업체의 가격 정책에 대한 대응

꽃집이라는 매장 없이 꽃 배달 수주만을 전문으로 하는 온라인 업체들은 소비자들로부터 주문을 받은 다음 20% 정도의 수수료를 제외한 후 꽃집에 발주하는 형식을 취하고 있다. 그런가 하면 이것을 수주 받은 꽃집에서는 또 20-30%의 마진을 남기고 상품을 제작 납품한다. 그런데 이와 같은 유통 체계는 꽃이라는 상품 특성상 온라인 구매 소비자에게 20% 만큼의 손해를 보게 만들고 장기적으로는 꽃집을 불신하게 만드는 원인이 될 수 있다.

따라서 꽃집들은 온라인에 진출해 주문, 결제 과정을 온라인으로 대체하는 등, 오프라인 거래에서 형성된 고객들과의 관계를 온라인으로 연결시키는 작업이 필요하다. 이를 통해 매장이 있는 꽃집으로서의 직접 주문에서 얻을 수 있는 메리트(특별한 상품의 구입, 좋은 상품을 값싸게 구입할 수 있는 이점)를 제공하는 것이다. 물론 그러기 위해서는 네티즌이 많이 방문할 수 있는 환경(콘텐츠 양과 질, 결제시스템 등)의 조성과 함께 홍보를 철저히 하고 온라인업체에 비해 상대적으로 낮은 가격 정책을 취해야 할 것이다.

접객 업무

매장이 깨끗하고 상품의 구성이 멋지다고 해서 반드시 꽃이 잘 팔리는 점포, 돈을 버는 점포라고는 단정할 수 없다. 손님이 자주 드나들더라도 고정 고객이 되지 않는다면 아무 소용이 없다. 꽃집 운영 개념의 포인트는 뭐니 해도 고정 고객 만들기에 있으므로 여기에 집중적으로 힘써야 한다.

고정 고객을 만들려면 ① 고객이 만족하는 상품을 판다 ② 좋은 분위기의 매장을 만든다. ③ 만족감을 줄 수 있는 접객 서비스를 한다 등의 요건이 모두 충족되어야 한다. 이 중 ③은 "당신만을 위해서"와 같은 마음의 접대로서, 스마일, 스피드, 청결감, 조심스러운 행동 외에 높은 기술 수준이나 상품 지식이 일체감을 이루어져야 한다. 따라서 꽃집 경영주들은 항상 방문한 고객을 고정 고객으로 만드는 접객 태도를 연구하고 활용해야 한다.

접객 태도

꽃집은 영업장소이기 때문에 언제 어느 때 고객이 들어올지 모른다. 그러므로 항상 매장을 청결히 하고 복장도 유니폼이나 앞치마 등을 활용하여 깨끗하게 한다. 고객이 방문할 때는 밝고 큰 목소리로 맞이한다. "어서 오십시오"는 동서고금을 막론하고 오랜 옛날부터 장사를 번성하게 하는 첫째 조건이다. 그리고 같은 말이라도 판매자가 원기 왕성하게 맞이하면 고객은 물건이 사고 싶어지며 상품을 선정하는 것이나 거래도 시원시원하게 이루어진다. 그러므로 밝고 큰 목소리, 미소로써 고객의 마음속에 우리 점포는 즐거운 곳이며 우리 점포와 거래하면 만족할 수 있을 것이라는 인상을 줄 필요가 있다.

상담을 할 때는 정중한 언어를 사용하며, 고객의 의도를 충분히 파악한 다음 접객 자료를 활용하여 주문 사항을 이끌어 내거나 제안한다. 또 접객이나 고객이 주문한 상품을 제작할 때는 고객의 대기 시간이 가능한 한 최소가 되도록 한다.

고객에 따른 접객

꽃집에서 꽃을 사는 고객들의 성향을 보면 실로 다양하다. 같은 꽃이라도 좋다 나쁘다에서부터 비싸다 싸다 등 평가를 달리하는 것은 물론 품질보다 싸고 풍성한 것을 선호하는 사람이 있는가 하면 비싸더라도 품질이 좋은 것을 선호하는 사람이 있음을 말해 준다. 따라서 접객시는 먼저 고객의 그러한 특성을 파악한 후 적절히 대응하는 것이 좋다.

가격 중시형 고객

상품의 여러 면 중 가격을 중시하는 고객들이다. 주로 업무용에 많이 이용되는 상품을 구매하는 고객들인데, 상품에 대한 지식이 없기 때문에 비싼 것이 좋다라는 생각을 갖고 있는 사람들이 많다. 반면에 같은 상품이라도 가격이 싼 것을 선호하는 사람들도 있다. 이렇게 가격에 민감한 고객들은 비싸게 팔거나 싸게 파는 등 고객의 성향을 파악하고 그에 맞출 필요도 있다. 가격 중시형 고객을 위해서는 가격이 다양한 상품으로 구성하여 제시함으로써 고객이 선택의 폭을 넓힐 수 있도록 접객하는 것이 좋다.

품질 중시형 고객

꽃을 구입할 때 품질을 중시하는 고객들이다. 가격에 상관없이 품질이 좋은 것을 구매하는 경향이 있는 고객들이므로 절화 상품으로 꽃바구니 등을 만들 때는 고급 소재를 활용하여 제작한다. 관엽식물 등도 고급식물을 분위기 있는 화분에 심어 접객하는 등 다양하고 고급스러운 상품으로 접객해야 한다.

서비스 중시형 고객

품질이나 가격보다는 서비스를 중시하는 고객들이다. 서비스를 중요시하는 만큼 구매와 결제가 편리한 사이버판매, 배달시 바이올린연주나 깜짝 이벤트 등 다양한 서비스를 제공하는 것이 좋다.

인간관계 중시형 고객

인간관계를 중시하는 고객들이다. 꽃에 대한 깊은 지식이 없는 상태에서 인간관계 때문에 꽃을 사용하는 비율이 높으며, 꽃의 구매도 안면이 있는 곳에서 하는 경향이 높다. 그러므로 모임이나 단체 활동을 통해 인간관계를 유지하고 점포에 방문했을 때도 커피 등을 대접하면서 유대를 돈독하게 유지한다.

정보 제공

꽃집을 방문한 고객이나 통신상으로 주문한 고객에게는 정중한 말씨나 공손한 태도 외에 정보를 제공해 줌으로써 판매를 촉진하고 신뢰감도 얻을 수 있다. 꽃집과 관련 된 정보에는 꽃 이름과 꽃말, 꽃의 효율적인 선물 방법, 멋있는 메시지 문구, 상품의 관리 요령, 상품을 안전하게 운반하는 방법, 꽃을 오래 보는 법 등 다양하다. 그러므로 평소에도 이와 관련된 지식을 쌓아 두고 접객시 적극적으로 활용하는 게 좋다.

접객시의 홍보

꽃집을 방문한 고객은 가장 좋은 영업 대상이다. 적어도 한 번쯤은 꽃을 구매했거나 앞으로도 살 가능성이 많은 고객이기 때문이다. 또 많은 꽃집 중 그 점포를 선택한 것은 이유야 어떻든 점포를 어필할 수 있는 기회를 준 것이므로 상품이나 서비스 등 모든 면에서 최대한으로 홍보함으로써 다음의 거래로 연결되도록 해야 한다. 책받침이나 카탈로그 등의 홍보물을 제공하거나 명함을 건네는 것도 다음 거래로 연결되도록 하는 데에 효과적이다. 그렇다고 해서 명함이나 홍보물을 강제적으로 주면 곤란하므로 자연스럽게 주어야 한다. 가령, 꽃을 주문하고 직접 가져갈 때는 꽃다발이나 꽃바구니로 포장하는 사이를 이용한다. 즉 "오랫동안 기다리게 해서 죄송합니다. 다음부터는 오시기 전에 전화를 주시거나 배달을 의뢰하시면 더욱더 편리합니다." 하면서 자연스럽게 명함이나 홍보물을 건네면 된다. 특히 젊은 사람이 사랑의 선물용으로 꽃을 구입할 때는 그 시기에 꽃 구입이 집중되므로 반드시 명함을 주면 좋다.

접객을 통한 고객 정보 수집과 관리

꽃집에 한 번이라도 방문한 고객이 다시 방문하거나 통신상으로 꽃을 주문하게 하려면 상품, 가격, 접객 측면에서 만족을 주는 것과 함께 꽃집의 정보를 주어야 한다. 아무리 좋은 상품을 싸게 판매하고 친절하게 대해도 고객이 그 꽃집을 기억하지 못하거나 기억을 해도 거리상으로 떨어져 있고, 고객 자신이 적극성이 없을 때는 거래가 중단되기가 쉽기 때문이다. 따라서 거래관계를 계속 유지하기 위해서는 접객시 고객 정보를 수집하여 필요시에 구매하도록 유도하는 정보를 발신해야 한다.

고객 정보 수집 방법은 여러 가지가 있으나 꽃집에서 쉽게 할 수 있는 것은 명함 교환이나 고객 카드를 받는 것이다. 명함의 경우, 꽃

쓸 일이 있을 때 전화로 배달 주문을 하든가 방문 전에 예약을 하면 편리하다며 건넨다. 그러면 고객 측에서도 자신의 명함을 주는 경우가 많은데, 이 명함을 모아 고객 정보 자료로 활용할 수 있다. 또 실례가 되지 않는 범위 내에서 고객 카드를 작성하도록 하는 방법으로 관리를 하는 것도 좋다.

일일 업무

꽃집의 일은 들쭉날쭉하여 바쁠 때는 한없이 바쁘고 한가할 때는 심심할 정도로 한가하다. 한가할 때는 주문에 대해 성실히 대응할 수 있지만 바쁠 때는 주문에 대해 제대로 대응하지 못할 뿐 아니라 주문량을 전부 소화하지 못하는 경우도 있다. 이러한 문제점에 대응하기 위해서는 하루하루의 일을 점검하여 한가한 시간대를 계획적으로 활용하는 것이 좋다. 일일 업무는 이와 같이 하루의 일을 점검하고 계획적으로 하는 것 외에 진열이나 청소, 상품 관리, 스케줄 체크와 준비가 있는데 어느 것이나 하루의 업무를 유연하게 하고 다음 날의 대응책을 마련한다는 측면에서 중요하다.

출근 직후의 업무

아침에 출근하면 제일 먼저 그날의 업무를 체크하는 것이 좋다. 업무에서도 비중을 두어야 할 것은 배달 상품의 점검이다. 당일 배달이 예약된 상품들이 모두 제작되었는지 여부, 상품과 함께 배달해야 할 케이크나 샴페인 등 부가상품과 메시지 등도 준비되었는지 점검한 다음 문제가 있으면 대책을 세워 놓는다. 당일 배달 상품의 점검이 끝나면 시간대별로 배달 계획을 짜놓고 착오가 없도록 한다.

꽃집에 직원이 많은 경우는 다른 직원이 주문을 받아 놓고도 알려 주지 않은 경우가 있으므로 항상 주문접수증을 확인하여 주문 내역을 확인해 두는 게 좋다. 주문접수증이나 예약된 상품의 점검이 끝나면 청소를 하고 진열된 상품을 점검하며, 그날의 절화 가격도 확인해 둔다.

낮 시간대의 업무

꽃집의 일은 짜여진 일정에 의해 진행되는 것이 아니고 그때그때의 주문 내용에 따라 대응하는 식으로 진행된다. 그렇게 되면 주문이 없는 시간대는 주문에 대한 준비나 대기시간이 되는 셈이다. 꽃집에서 낮 시간대의 업무는 주문에 대응하는 시간 외의 시간으로, 이 시간을 어떻게 활용할 것인가가 성공의 관건이다.

상품의 점검 및 관리

꽃집에서 취급하는 상품은 대부분이 생물체로서 관리를 해주어야 하지만 꽃집의 업무 특성상 시간을 정해 놓고 관리할 수 없다. 따라서 틈이 나는 대로 점검하고 관리를 해야 되는데, 절화는 신선도 유지를 위한 물통의 물 갈아주기, 사용 일정에 맞도록 개화 속도를 조절하는 것이 주요 관리 내용이다. 이 외에는 백합류의 경우 꽃이 피는 즉시 수술을 제거해야 된다. 수술을 제거하지 않으면 화분이 백합은 물론 다른 꽃도 오염시키기 쉽기 때문이다. 장미꽃의 경우도 바깥 꽃잎이 너무 피거나 오염될 수 있는데 이것도 시간 나는 대로 제거를 해야 한다.

관엽식물이나 난의 경우 온도, 관수, 광 관리, 병충해 관리 등 생육관리를 해 주어야 한다. 특히 꽃집에 오랫동안 둔 관엽식물은 햇볕을 받는 쪽으로 모양이 굽어진 것도 있는데, 이런 것은 방향을 바꾸어 준다. 또 아래 잎이 노랑색이나 갈색으로 변한 것, 햇볕을 받지 못한 부분의 잎이 죽은 경우가 있는데, 이런 것도 빨리 제거해 주는 것이 좋다.

상품의 구매 및 준비

꽃집에서 꽃의 구매는 보통 하루 간격이나 이틀 간격 등 정해 놓고 하는 경우가 많지만 매일의 상황에 따라 특정 종류가 부족한 상황이 발생할 수 있다. 그러므로 늘 구비된 상품의 추이를 보아 가며 부족한 것은 보충하는 식으로 구매를 해야 한다.

재료 상태의 상품과 완성 상태의 상품을 함께 준비해 두는 것이 효율적이다. 특히 관엽식물이나 난의 경우는 시간적 여유가 있을 때 포장을 해 두면 주문 즉시 판매나 배달이 가능하다. 단 절화 상품의 경우는 미리 제작해 놓으면 상품의 수명이 짧아지고 재고 발생 위험도 있다. 하지만 매일 일정량이 판매되는 꽃집이라면 근조화환이나 꽃바구니를 미리 제작해 놓는 것도 좋다. 급한 주문에 신속하게 대응할 수 있고, 특정 시간에 주문이 몰릴 경우에도 일을 분산시켜 효율성을 높일 수 있기 때문이다.

한편, 꽃집의 상품 중 꽃다발이나 꽃바구니 등 일부 상품은 제작하는 것 자체를 분업화 할 수 있다. 틈틈이 리본을 접어놓는다든지, 바구니를 포장해 놓는다든지, 물을 흡수시킨 오아시스를 바구니에 세팅시켜 놓는 등 제작 과정 중의 일부 단계를 미리 해 놓음으로써 상품 제작 시간을 단축하고 고객의 주문에 신속히 대응할 수 있는 것이다.

고객관리 및 매출관리

고객 및 매출의 개발과 관리는 꽃집의 유지 발전을 위해서 매우 중요하지만 꽃집 업무 특성상 별도의 시간을 내어 관리하기는 쉽지 않다. 그래서 하루 일과 중, 배달이나 접객시간 틈틈이 관리해야 한다. 그러기 위해서는 고객이나 매출의 증감 여부와 그 원인을 수시로 분석하여 대응책을 마련해야 한다.

미수금 및 입출금 관리

꽃집에서는 통신 주문 비율이 높은 만큼 판매 상품 대금이 통장으로 입금되거나 수금을 해야 된다. 그런데 상품 판매 후 수금까지의 기간이 길어지면 확인이나 수금이 어려워진다. 그러므로 통신 주문의 경우에는 입금 내역을 매일 확인해야 한다. 입금 내역을 확인할 때는 주문자와 입금자가 다른 경우도 많으므로 주문자에게 전화를 걸어 입금 여부와 함께 입금자를 확인하여 수금률을 높여야 한다.

한편, 미수금을 받는 것 못지않게 시외 지역이나 위탁업체에 주문한 건에 대한 결제도 중요하다. 결제가 미뤄지면 신용이 불량해져 다음의 배달 주문이 어려울 수 있기 때문이다. 또 작은 금액이라도 자꾸 미뤄지면 큰돈이 되고 나중에는 결제 자체가 부담스러워진다.

퇴근 전의 업무

오후 늦게는 피곤에 지쳐 이것저것 돌볼 겨를 없이 퇴근하기 바쁠 것이다. 그렇지만 피곤해도 퇴근 전에 꼭 확인해야 될 일이 있다. 꽃집의 주문에는 매일의 주문도 있지만 거래처에 따라서는 월초에 1개월 치를 몽땅 주문하거나 며칠 전에 예약을 하는 경우가 있다. 따라서 퇴근 전에는 반드시 이러한 예약 상품을 다시 한 번 확인해야 된다. 상품이나 관련 자재, 대응책이 준비되었는지 점검을 하는 것이다.

점검 결과 타 지역의 배달 상품이 예약되어 있는데도 통신배달 주문을 하지 않았다면 발주를 해야 된다. 또 오전 중에 배달이 예약되었음에도 상품이 준비되지 않았다면 제작과 배달 계획을 다시 세운 후 퇴근해야 한다. 피곤하고 시간적 여유가 있으니 다음 날 아침에 출근해서 처리를 해야겠다고 퇴근해 버리면 자칫 클레임이 발생할 수 있다. 왜냐하면 전날 저녁까지 다음 날 아침 시간대의 예약 상품이 없더라도 다음 날 아침에 급히 배달을 요구하는 주문이 들어오는 경우가 생기기 때문이다. 그렇게 되면 충분한 시간을 갖고 제작할 수 있었던 예약 상품인데도 시간에 쫓겨 부실해지거나 배달시간을 어기는 일이 발생한다. 또 타 지역의 배달 상품도 미리 발주를 해 놓지 않으면 상대 꽃집의 상황에 따라 주문내용을 처리하지 못하는 상황이 발생할 수 있다. 따라서 다음 날 상품에 대한 대응책까지도 마련해 두어야 한다.

상품에 대한 점검이 끝나면 그날의 매출 상황, 업무 점검, 다음날의 스케줄, 자재나 상품의 과부족, 상품의 진열상태 등 전반적인 것에 대해 다시 한 번 점검한다. 그리고 전기관계, 온풍기, 난로, 문단속 등 점포의 안전에 대해서도 꼭 점검해야 한다.

매출일계표 작성

매출은 매일 관리하면서 조금이라도 더 향상시키려고 노력할 때 쉽게 향상 된다. 그러므로 매일 매출일계표를 작성하는 것이 좋다. 매출일계표라는 것은 매일의 매상을 상품별, 주문자별, 판매방법별 등으로 구분하여 종합한 일람표이다. 매출일계표는 매일 작성해야 하므로 의식과 끈기가 없으면 힘든 일이다.

꽃은 계절과 기념일 그리고 각종 행사에 따라 혹은 날씨에 따라서도 가격이나 매출의 변화가 큰 상품이다. 가격이나 매출의 변화 폭이 크다는 것은 그만큼 수요에 대처하는 것이 쉽지 않음을 의미한다. 이를 뒤집어 생각하면 변화에 효율적으로 대처할수록 이익이 많이 남는다는 것을 의미한다. 따라서 일계표에 그날의 품목별 판매수량과 매출금액, 꽃 가격, 고객 정보, 기후, 정치, 경제 사건, 유명 인사의 죽음, 디스플레이 변경 등을 기록해 자료로 활용해야 한다.

이렇게 매출일계표를 작성해 보면 그 다음 해부터는 이것이 가장 믿을 수 있는 판매 지침이 된다. 어떤 상품이 어느 때에 잘 팔리고 기후나 기온이 판매에 어떤 영향을 미치는가를 알 수 있는 것이다. 또 기념일의 매출량을 예상하는 것이 가능하며, 여러 가지 자료에 기초해서 구매 계획에서부터 인력 활용까지 합리적으로 할 수 있고 판매촉진에도 크게 도움이 된다. 아울러 그날의 판매 건수, 매출액 등이 바로 바로 파악되므로 매출 증대를 위해 의욕을 갖고 노력하게 된다.

표 2-5는 꽃집에서 간략하게 활용할 수 있는 매출 일계표 양식이다.

(표 2-5. 꽃집의 매출일계표 예 / 2003년 3월 7일)

월/No	일/ 주문 건수	주문처	품목	가격	주문 방법	배달지역	수금	접수	비고
127	1	진주 대성꽃집	꽃바구니	40,000	팩스	남구	국민은행 (이수나)	김현구	체인점
128	2	개인	양란	50,000	방문	동구	현금		
129	3	우성(주)	관엽	70,000	전화	서울중구	신용카드		서울 귀빈
144	17			680,000					

업무일지 작성

꽃집은 매일 같은 일이 반복되는 것 같으면서도 다른 상황이 발생되는 경우가 많다. 그러므로 일계표와 함께 업무에 관련된 내용을 일지 형태로 매일 기록해 놓으면 경영에 좋은 지침서가 된다. 특히 작업 과정이나 접객, 판촉 활동 순간에 개선해야 할 점과 좋은 아이디어 등이 떠오르기도 하는데, 이를 메모해 놓고 실천하면 꽃집이나 개인의 발전에 크게 도움이 된다.

수발주 업무

꽃집의 수발주 업무는 점점 복잡해지고 있다. 과거 판매 상품이 단순하고 방문 구매 비율이 높을 때는 매장에서 고객이 원하는 상품을 제작해 주거나 판매하면 그만이었다. 그런데 현재는 주문 방법이 방문, 전화, 인터넷 등으로 다양해졌고 주문처도 개인이나 회사 외에 꽃집, 온라인업체, 꽃 배달 체인업체, 은행, 홈쇼핑업체 등 많아졌다. 게다가 주문에서 납품까지의 유통 단계가 길어지고, 상품이나 배달 방법도 다양해져 주문시 요구 조건이 많아졌다. 그로 인해 수발주에 따른 실수가 많아지고 있는데, 정확하고 효율적인 수발주 업무 처리는 소비자가 주문한 상품을 정확하게 납품함으로써 꽃집의 신뢰도를 높이는 동시에 꽃집의 마케팅 수단으로도 활용할 수 있다.

❁❁❁

방문 구매에 대한 수주

고객이 꽃집을 방문하여 주문을 하는 것이다. 고객이 상품을 보거나 상품카탈로그를 보면서 선택할 수 있고, 꽃집에서 상품을 제시하면서 직접 제안할 수도 있다. 따라서 주문하는 고객과 수주하는 꽃집 간의 의사소통이 분명해지므로 문제의 발생 비율은 적다. 그렇지만 고객이 방문한 경우는 꽃집에서 능숙한 접객과 주문을 유연하게 받지 못하면 교섭 시간이 길어질 뿐만 아니라 꽃집의 이미지에도 부정적인 영향을 미칠 수 있다. 그러므로 다음의 사항에 유의하면서 수주를 하는 게 좋다.

고객이 방문하면 최대한 친절하고 공손한 태도로 접객을 하되 자신감 있게 대한다. 고객을 맞이하는 사람이 자신 없어 하면 점포에 대한 신뢰도도 약해진다.

》 직접 갖고 갈 것인지 배달을 의뢰할 것인지 파악한다

직접 갖고 갈 것이라면 상품이 있는 곳으로 안내하여 상품을 선택할 수 있게 한다. 배달을 의뢰할 것이라면 접객 테이블로 안내한 후 주문접수증의 양식에 따라 주문 내용을 기록한다. 상품 선택시는 상품이나 비치해 둔 상품카탈로그를 보여주며 조언을 하는 게 좋은데, 이때를 대비해 상품카탈로그나 포트폴리오를 갖추어 놓으면 수주가 편하고 제안도 쉽게 할 수 있다.

» 상품의 품목, 용도, 수취인 정보, 선물할 장소나 분위기, 희망하는 스타일, 가격대를 파악한다.
» 주문자가 확실한 결정을 하지 못하고 머뭇거릴 때는 고객의 의도를 파악한 후 전문가로서의 의견을 제시하거나 적당한 상품을 제안한다.
» 상품의 품목, 가격대, 디자인 스타일 등을 확실히 결정한다.
» 최상의 꽃을 사용하여 성심 성의껏 제작하거나 포장한다.
» 운반에 견딜 수 있게 디자인하고, 꽃이 오랫동안 신선할 수 있도록 신경을 쓴다.

〉〉 상품이 완성되면 정확히 전달한다

완성된 상품을 보고 나서 배달을 의뢰할 경우는 받는 사람, 배달 장소, 층수, 실 번호 등을 확실히 기록하고, 메시지카드나 리본 글씨 여부, 문구 등을 결정하도록 한다. 완성된 상품을 건네 줄 때는 바르게 드는 법, 바르게 운반하는 법, 보관법 및 이용법을 알려 준다.

전화 주문에 대한 수주

꽃집에서도 전화에 의한 꽃 주문이 늘고 있는 등 전화로 거래하는 비중이 증가하고 있다(그림 2-8). 어떤 꽃집에서는 전체 주문량 중 전화에 의한 주문이 90% 이상 된다. 따라서 전화는 꽃집에서 매우 중요한 마케팅 수단이 될 수 있다.

전화에 의해 꽃을 팔 때는 구매자가 상품을 보고 있지 않기 때문에 전화를 받는 사람의 응대로 상품을 연상하고 그것이 이미지로 되기 쉽다. 그러므로 꽃집에서 전화 예법은 그 자체가 상품이나 마찬가지이며, 어떻게 받느냐에 따라 거래의 성립 여부가 결정되고 신뢰

(그림 2-8. 어느 꽃집의 매출액 중 전화 주문에 의한 판매 비율)

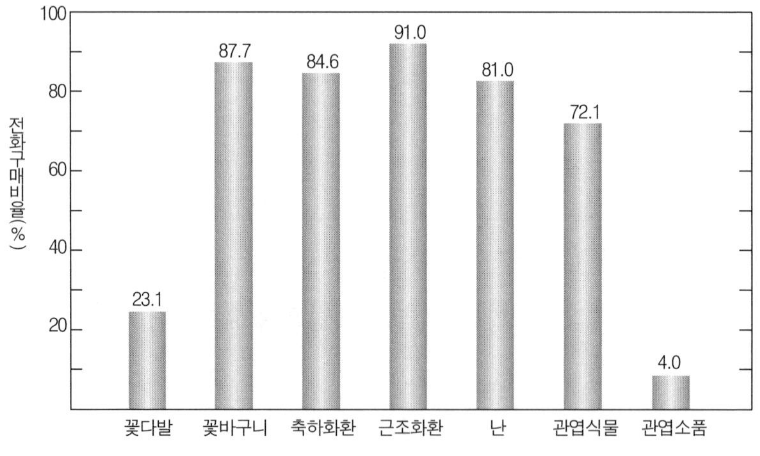

감도 쌓이게 된다.

전화로 주문을 받을 때는 전화기 옆에 항상 주문접수증과 볼펜 그리고 입금계좌번호를 적어 두어 주문접수증 양식에 따라 주문을 받아 기록한다. 대금을 입금하라고 요청할 때는 계좌번호를 불러주어야 한다. 또 전화로 주문을 받은 사람과 상품을 제작하는 사람, 배달하는 사람이 각기 다른 경우도 있으므로 주문을 받은 사람은 고객의 요구사항을 자세히 적어 상품 제작자나 납품을 하는 사람에게 전달해야 한다. 다음은 전화 주문에 대응하는 기본적인 방법이다.

- » 전화주문을 받을 때는 우선 고객관리, 결제안내, 배달 시 문제 발생 등에 대비하기 위해 주문자의 이름과 소속, 전화번호(전화기는 발신자 번호가 표시되는 것을 활용하면 더욱 좋다)는 꼭 확인하여 기록해 둔다.
- » 상품의 종류와 주문 가격에 대해 질문을 한다. 고객에 따라서는 종류와 가격에 대해 잘 모르는 사람이 있으므로, 어디에 사용할 것이며 어느 지역 어느 장소로 배달할 것인지를 물은 다음 용도에 맞는 상품을 제안하여 상품과 가격을 결정하도록 한다. 만약 꽃과 함께 다른 선물을 주문하는 경우에는 더욱 구체적인 정보를 파악한다. 가령, 생일선물용의 케이크 등을 주문할 때는 크기와 메이커는 어떤 것을 원하는지, 초는 몇 개 있어야 하는지 등을 알아보고 기록한다.
- » 상품의 배달지역과 배달시간을 질문하여 기록한다. 특히 배달시간은 명확히 해둔다.
- » 받을 사람의 이름, 전화번호, 주소에 대해 질문을 한다. 받을 사람의

주소나 전호번호에 대한 정보가 부족할 때는 어느 건물 옆이라든가 하는 보충정보를 질문하여 기록해 둔다.

» 리본이나 메시지내용에 대해 질문한다. 리본의 경우 보내는 사람의 이름이 틀리는 경우가 많으므로 꼭 확인을 해 두는 게 좋다. 메시지 내용의 경우 내용이 길면 팩스나 이메일 등을 사용하여 보내 주어도 되는지를 확인한다. 만약 꽃집에서 알아서 써 달라고 하는 경우는 꽃을 보내는 이유, 받는 사람과의 관계, 반말을 하는 사이인지 여부 등 정보를 파악하고 그에 맞게 써 줄 수 있도록 한다.

» 대금 결제방법에 대해 질문을 한다. 주문한 상품의 대금을 어떤 방식으로 언제쯤 결제할 것인지, 은행입금을 한다면 어느 은행으로 누구 이름으로 입금할 것인지를 질문하고, 주문자와 입금자가 틀릴 경우 입금 후 확인전화를 요청한다.

» 배달과 관련하여 기타 요망사항을 질문한다. 고객에 따라서는 보내는 사람을 밝히지 말라든지, 꽃을 받은 사람의 표정 등을 배달 즉시 알려달라고 하는 경우가 있으므로 이를 파악하고 기록해 두어야 한다.

통신배달 주문에 대한 수주

통신배달 주문은 전화와 마찬가지로 통신에 의한 주문이지만 전화 주문과는 다소 차이가 있다. 즉 전화 주문의 경우 '주문 고객→꽃집' 인데 비해 통신배달은 '주문 고객→시내 꽃집→시외 꽃집' 혹은 '주문 고객→꽃집→통신배달 체인점→꽃집' 으로 유통단계가 길며, 꽃집과 꽃집 혹은 꽃 배달 체인점과 꽃집 간에 거래가 이루어진다. 이러한 통신배달 시스템은 유통 단계가 복잡한 면도 있지만 서로 간에 유통시스템을 잘 알고 있으므로 의외로 실수가 적은 편이다. 그렇지만 주문을 받은 꽃집 입장에서는 실수를 없애고 신뢰도를 높이기 위해서라도 다음 사항에 유의하도록 한다.

» 근무시간에는 가능한 팩스를 자동수신으로 해 놓는다.

» 주문서를 팩스로 받게 되면 즉시 주문서를 확인하고 주문서에 기재된 발주 꽃집이나 꽃 배달업체에 확인 전화를 한다. 확인 전화 시는 주문서에 기재된 배송일과 리본 및 카드 글씨를 재확인하고 당부 사항에 기재된 내용을 구체적으로 확인한다.

» 처음 직거래하는 꽃집, 통신배달 체인점의 회원점이 아닌 꽃집 등에 대해서는 구체적인 정보를 알아두고, 대금결제 방식이나 입금일에 대해서도 구체적으로 확인한다.

» 주문접수증을 주문서에 옮겨 적는다. 주문서에는 주문서 양식에 따라 기록하되, 처음 거래하는 꽃집 등 상대 꽃집에 대한 정보가 축적되어 있지 않은 경우는 주소 등 구체적인 정보를 기록해 둔다.

» 주문 받은 사람과 제작하는 사람, 배달하는 사람이 틀린 꽃집에서는 주문 받은 사람의 이름을 기록하여 두고 상품의 제작자나 배달자가 구체적인 정보를 얻고자 할 때는 응하도록 한다.

» 주문이 당일 배달되어야 할 경우와 이후인 경우를 분류하여 각각 다른 파일에 철한다. 당일 이후 배달 주문은 월계표에 주문처와 품목을 적어 두어 주문 내용을 잊어버리지 않도록 한다.

» 주문 받은 상품을 주문 내용에 따라 제작하여 완성하고 배달한다. 주문접수증에는 상품의 제작과 배달자의 이름을 적어 추후에 발생할지도 모르는 문제에 대비한다.

» 배달이 완료되면 주문한 꽃집에 인수증을 보내고 예를 갖춘 인사를 한다. 인수증 원본은 보관하여 둔다.

통신배달 체인점의 수발주

회원 간 직거래 방식이 아닌 발주 꽃집은 주문의뢰서를 작성한 후 본사로 주문의뢰서를 송부하면 본사에서 확인 후 각 배달 지역에 맞는 수주 꽃집으로 주문의뢰서를 재송부하는 방식이다. 본사를 경유함으로써 발주 꽃집이 직접 일일이 배달 지역 꽃집에 통화하고 확인하는 번거로움이 없고, 본사와 주문 꽃집 간에 간단한 확인 작업만 하면 되므로 수발주가 용이하다. 배달을 의뢰받은 수주 꽃집도 본사와의 간단한 확인 작업 후에 상품을 배송하고 배송 후 인수증을 바로 발주 꽃집 팩스로 송부한다. 이것을 그림으로 나타내면 그림 2-9와 같다.

(그림 2-9. 꽃의 통신배달 체인점 간의 수발주 체계)

• 팩스 이용시

• 인터넷 이용 시

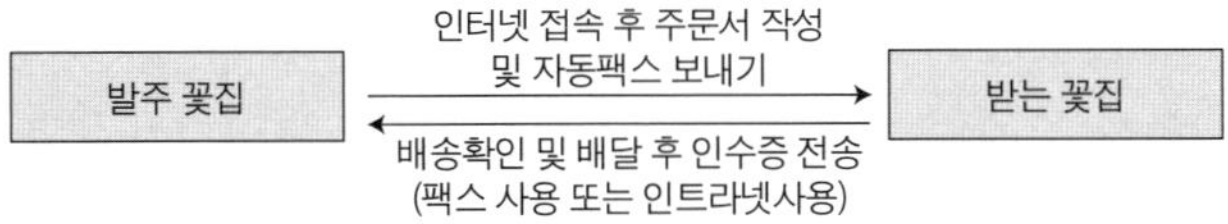

꽃 배달 업체 및 타 지역 꽃집으로 발주

고객으로부터 주문을 받은 것이 타 지역으로 배달해야 하는 상품이라면 대부분 타 지역에 있는 꽃집이나 통신배달 체인점 본사에 통신배달 의뢰를 하게 된다. 이때는 수주 입장과 반대되는 입장이므로 우선 주문접수증에 의해 주문을 받은 내용을 주문서와 인수증에 작성하고 타 지역 꽃집이나 꽃 배달 체인점 본사에 팩스로 송부한다. 팩스를 받았다고 전화가 오면 팩스 내용 외의 당부 사항을 설명해

주고 처음 거래처나 직거래 꽃집에게는 상품대금 결제계좌를 인수증에 적어주라고 당부하는 것이 좋다. 배달하는 꽃집에서 배달이 완료되었다는 연락이 오면 가능한 한 빨리 송금한다.

배달 업무

배달은 고객이 주문한 상품을 원하는 장소로 가져다 주는 서비스이지만 꽃집에서 의미는 더 특별하다. 배달이라는 서비스 자체에 바이올린 연주, 이벤트 연출 등 꽃 이외의 상품을 추가함으로써 다른 꽃집과 차별화하는 것은 물론 매출 향상도 꾀할 수 있기 때문이다. 배달 시간 준수, 배달 시의 복장과 예의 바른 태도, 좋은 상품의 전달 등을 통해 점포의 좋은 이미지를 심을 수 있으며 동시에 예비 고객을 실 고객으로 전환시킬 수도 있는 것이다. 또 배달 완료 통보를 통해 꽃집을 홍보할 수 있는 기회도 마련되는 등 여러 가지 의미에서 중요한 의미가 있다. 따라서 꽃집에서는 배달 업무를 마케팅에도 적극 활용할 필요가 있다.

배달 유형

상품의 배달은 고객이 직접 들고 가는 것과 점포에서 직접 배달하는 직영배달, 배달업체에 위임하는 경우 등이 있다.

직영배달

고객이 주문한 꽃 배달을 꽃집 경영주나 직원이 직접 배달하는 구조이다. 주로 소규모 꽃집이나 시골 꽃집에서는 이 배달 형태를 취하고 있다. 또 큰 규모의 꽃집에서도 배달만 전문으로 하는 직원이 배달 업무를 맡고 있는데 다음과 같은 장단점이 있다.

〉〉 장점

배달 상품을 직접 전달함으로써 상품의 '주문→제작→배달→납품'에 이르기까지 전 과정을 책임감 있게 진행할 수 있으며, 이를 통해 꽃집의 홍보와 영업활동을 할 수 있다. 배달 차량이나 배달 복장 등에 꽃집의 로고 등을 새겨 놓으면 홍보 효과가 높아지고, 꽃 외에 음악 연주나 깜작 이벤트를 겸해 배달 자체를 마케팅 수단으로 활용하는 것이다. 또 배달자가 배달 후 주문자에게 통보를 할 때, 상품을 받는 쪽의 분위기와 받는 사람의 반응을 생생히 전달할 수 있다.

》 단점

배달을 직영하면 상황에 따라 인력 활용의 비효율성과 배달 차량의 구비 등으로 생산성이 저하되는 경우가 많다. 혼자서 운영하거나 여성들이 운영하는 꽃집에서는 배달 중 문을 닫아야 하고, 부피가 크고 무거운 상품은 힘과 장비 부족 등으로 제대로 할 수 없는 경우도 있다. 또 배달에 대한 전문성이 떨어져 소요 시간이 많이 걸리고 배달과 관련된 전문적인 이벤트 연출도 힘들다.

위탁 배달

꽃을 배달할 사람이 없거나 배달 전문 직원이 있어도 바쁠 때는 배달을 다른 사람이나 배달 업체에 위탁하는 체계이다. 위탁 배달은 배달해야 할 상품 전체를 전적으로 위탁하는 경우와 일부 상품만 위탁하는 형태가 있는데 어느 경우이든 인력 활동, 배달의 효율성, 생산성 등을 고려하여 결정하는 것이 좋다. 위탁 배달에는 시내 배달 상품과 시외 배달 상품의 배달로 구분할 수 있다.

》 시내 배달

꽃집이 위치해 있는 읍면 및 군 단위나 시 단위에서 근거리의 배달 상품만을 위탁 배달에 의존하는 형태인데, 대부분의 꽃집에서는 부분적으로 이용하고 있다. 꽃 배달만을 전문으로 하는 업체 외에 콜밴, 모범택시나 콜택시를 이용하는 경우도 있다.

》 시외 배달

시외 배달 주문 상품의 경우 시외의 꽃집에 통신배달을 의뢰할 경우 20%의 마진이 남고, 시외 수주를 맡을 수 있는 이점이 있다. 반면에 품질에 대한 불신이 문제가 된다. 시외의 꽃집에서도 일정액의 마진을 남겨야 하므로 시내 꽃집에서 생각하는 것보다는 규격이나 품질이 떨어지는 것을 배달할 수 있다. 그렇다고 직접 배달하게 되면 배달료의 비중이 커지는 경우가 있다. 이런 꽃집을 대상으로 생긴 것이 시외 꽃 배달을 전문으로 하는 위탁업체들이다.

현재 서울, 광주를 비롯하여 일부 지역에는 시외만 전문으로 배달하는 업체들이 있는데, 여러 군데의 꽃집에서 배달할 것을 모아 한꺼번에 배달하기 때문에 상품 당 배달비가 저렴하다. 그런 만큼 미리 관련 업체를 파악해 놓으면 상황에 따라서 유용하게 활용할 수 있다.

배달 상품의 종류

배달 상품은 꽃집의 노력 여하에 따라 다양하게 개발할 수 있다. 가령, 꽃을 보내는 사람의 영상이나 목소리를 담아서 보내는 서비스, 메시지의 전달, 축하 공연, 바이올린, 첼로 연주 등을 함께 배달해 주면 고객의 만족과 함께 매출의 증가도 쉬워진다.

꽃을 받는 사람이 영화 속의 주인공이 된 것 같이 느끼는 분위기의 연출은 꽃을 주문한 고객에게 최대한의 서비스를 제공하는 것이며, 그것은 단골고객을 만드는 지름길이다. 아울러 꽃을 받는 사람이나 주변사람도 고객으로 만들기 쉽다. 또 다른 점포와 차별화함으로써 홍보 효과를 높일 수 있고 분위기 상품 값을 별도로 책정해서 매출액을 증가시킬 수 있다. 바이올린, 첼로 연주 등 음악 연주는 주문 예약을 받은 후 아르바이트 학생을 시켜도 된다.

배달자의 업무

출발 전 점검 사항

출발하기 전에는 반드시 주소와 배달 스케줄, 그리고 배달지의 지리를 파악해야 한다. 배달하기 전에는 배달을 알리는 전화 통화를 한다. 전화 통화 시는 제일 먼저 인사를 하고 "꽃 배달을 의뢰 받은 ○○꽃집입니다"라고 밝힌 후 용건을 말하고 용건을 마친 후에는 인사를 하고 조용히 끊는다. 출입이 통제되어 있는 병원이나 회사 및 기타 장소 등에서는 사전에 꽃을 특정인에게 전해 주어도 괜찮은가를 알아보고 허락을 받는다.

배달 전에는 상품과 메시지카드, 인수증을 점검한다. 가끔 인수증, 메시지카드 등을 빠뜨리는 경우가 많으므로 배달자는 차량에 인수증, 메시지카드, 영수증 등을 항상 비치해 두는 것이 좋다. 타 지역의 꽃집이나 체인점 본사의 주문인 경우는 발주 꽃집으로부터 전송된 인수증을 가지고 배송한다.

배달 중 상품 관리

꽃은 상하기 쉬우므로 본인이 직접 전하는 개인적인 선물처럼 조심스럽게 다루고 급정차나 급출발을 피해야 한다. 배달 중에도 온도나 광 그리고 바람에 의해 손상이나 변질 우려가 있으므로 품질 유지 대책을 세운다. 꽃의 수가 정해진 상품은 배달 중 손상될 경우를 대비하여 몇 송이를 추가로 가져간다. 만약 배달 중 수선을 하지 못할 정도로 꽃이 망가졌을 경우에는 매장으로 돌아와 교환한다.

한편, 배달하는 사람이 디자인에 대한 지식을 익혀 두면 배달 중에 상품이 다소 손상을 입더라도 인계하기 전에 손질을 할 수 있다는 이점이 있다.

배달시 복장

꽃집의 이미지가 배달하는 사람을 통해 소비자에게 전해지므로 정중한 태도와 복장을 갖추는 것이 기본이다. 배달 복장은 깔끔하되 꽃집의 이미지에 맞게 제작된 유니폼 외에도 배달 상황에 맞는 복장을 갖추고 고객이 선택할 수 있게 하여 복장 자체를 상품화함으로써 다른 꽃집과 차별화시킬 수도 있다.

가령, 호텔 등이나 엄숙한 행사장으로 배달을 할 때는 연미복을 입고, 어린이들이 많이 있는 곳으로 배달 갈 때는 캐릭터 복장으로, 많은 사람이 모여 있는 회사나 행사장에는 피에로 복장으로 배달을 하는 등 장소나 받는 사람에 따라 배달 복장을 달리하거나 고객이 선택할 수 있게 하는 것이 가능하므로 이를 마케팅에 활용하도록 한다.

배달 시간과 행동

배달 시간은 철저하게 준수한다. 일반적인 행사의 경우 행사가 시작되기 30분 이전에는 도착시키는 것을 원칙으로 한다. 각종 행사장이나 병원 등에 배달할 때는 차량의 라디오를 끈다. 부득이한 사정으로 배송이 지연될 경우엔 반드시 본부나 발주 꽃집으로 배송 지연에 대한 상황을 설명해야 한다.

상품의 배치

배달 상품의 배치는 보통 받는 사람이나 주최 측에서 정해 주기 때문에 그에 맞게 배치하면 된다. 꽃 상품이 많이 들어온 곳에 배달을 가서 배치할 때는 가능하면 눈에 잘 띄는 곳에 배치하는 것이 주문자에 대한 예의이며 고객 신뢰감을 높이는 비결이다.

배치할 때는 화환 같이 큰 상품의 경우 입체적이어서 바람이 부는 날에는 쉽게 넘어지므로 끈을 준비하여 배치한 상품이 넘어지지 않도록 고정해 주는 게 좋다. 예식장에서 결혼할 때처럼 한 장소에 많은 사람들이 모이고, 시간대별로 각각 다른 예식이 있는 경우는 미리 갖다 놓으면 상품을 치워버리는 경우도 있으므로 행사 직전에 배치하도록 한다.

상품의 전달

배달 장소에 도착하여 고객을 대면할 때는 제일 먼저 단정한 자세로 정중히 인사를 하고 상품을 명확하게 인계(품질 유지 및 인수증 수령)한다. 꽃을 전달한 후에는 정중히 인사를 하며 상황에 따라서는 축하 인사를 하는 것도 좋다. 꽃을 받는 사람들에 따라서는 꽃에 대해 질문하는 경우가 있으므로 꽃에 대한 기본 상식(꽃말, 관리요령 등)을 익혀 두어 상품 수령자의 질문에 대답할 수 있도록 하는 것이 좋다.

배달 통보

배달이 완료되면 배달자는 매장이나 주문자에게 배달이 완료되었음을 알린다. 다른 꽃집에서 주문을 받아 배달한 경우는 현지에서 배달이 완료되었음을 알리는 전화를 하고, 매장으로 돌아 온 후 인수증을 팩스로 보낸다.

한편, 배달 통보 자체도 마케팅으로 활용할 수 있는데 경조화환, 관엽식물 등 통신 주문에 의해 배달할 경우는 상품을 디지털카메라로 찍어 주문한 꽃집에 메일을 보내주면 신뢰감을 얻을 수 있고 홍보도 된다. 또 사랑의 선물을 보내는 사람들에게는 꽃을 받은 연인의 표정을 촬영하여 동영상으로 보내줌으로써 신뢰감과 홍보 효과를 얻을 수 있다.

배달 업무 관리

배달 상황 파악과 대응

배달 업무 관리를 하는 사람은 운전자를 보내거나 배달을 위탁한 경우라도 배달 지역과 각 경로를 파악하여 배달 여부, 운전자가 돌아오는 데 걸리는 시간 등 전체적인 상황을 파악하고 있어야 한다. 또 배달 나간 상품, 남아 있는 상품을 체크해야 한다. 특히 기념일에 배달할 곳이 많은 경우는 반드시 배달표를 만들어 주고 접수증에도 배달자 이름과 배달 출발 시간을 적어 두고 시간대별로 배달 여부를 확인하여 체크해야 한다.

배달 차량 관리

배달 차량은 상품을 정확하고 신속하게 전달할 수 있는 기본 요소이자 상품의 안전 측면, 배달 중 홍보 효과, 꽃집의 이미지 관리라는 다양한 의의가 있는데, 독특한 모델의 차를 선택하거나 색상 연출을 하면 차량을 통해 꽃집의 인지도를 쉽게 높일 수 있다. 배달 차량은 반드시 보험에 가입시켜 놓고 항상 청결한 상태를 유지하도록 한다.

위탁 배달 업무 관리

위탁 배달을 시켰을 때는 주문자와의 신용 문제가 있기 때문에 정확한 장소와 시간 내에 도착시켜야 하는데 본인이 배달하지 않기 때문에 그 장소와 시간에 제대로 도착했는지 궁금할 때가 있다. 더욱이 발주자가 상품이 도착했는지 전화상으로 묻는 경우가 있으므로 배달자에게는 반드시 배달 직후 인수증을 받는 것과 함께 배달이 완료되었음을 곧바로 알려주도록 주지시키는 것도 필요하다.

배달 완료 통보

배달을 완료한 다음에는 반드시 인수증을 받고 주문자에게 전화를 준다. 꽃 배달을 의뢰한 사람은 배달이 되었는지 여부에 따라 궁금해하는 경우가 많다. 구애용 꽃 선물을 보내는 경우 받는 사람이 꽃을 받았는가, 거절했는가, 받았다면 싫어하는 표정이던가, 좋아하는 표정이던가를 궁금해하는 경우가 있다. 특히 인사치레로 꽃을 보내는 경우 상대방이 꽃을 고맙게 받았다는 연락이 안 올 때면 배달이 제대로 되었는지 궁금해하는 경우가 있다. 또 개업식이나 상가로 보내는 꽃일 경우 일단 꽃을 보내 놓고 방문하는 경우가 있는데, 이때 꽃 배달이 되었음을 알려 주지 않으면 방문 결정이 쉽지가 않다.

이렇게 소비자들이 궁금해하는 것에 대한 답과 신뢰성을 보여 주기 위해 배달 완료 통보는 꼭 필요하다. 배달 완료 안내에는 전화, 팩시밀리, 인터넷 등이 있는데 배달 완료 통보를 빨리 해 주어야 하는 것은 배송 즉시 현장에서 발주처나 매장으로 전화를 하고, 그렇지 않은 것은 가게로 돌아와서 처리한다.

배달시 발생하기 쉬운 문제점과 대응책

꽃을 배달할 때는 여러 가지 문제가 발생하기 쉬운데 그 대응책은 다음과 같다.

» 주소가 잘못 되었거나 배달처를 찾지 못할 경우는 즉시 사무실이나 주문 고객에게 연락하여 대응책을 마련한다. 계속해서 찾다 보면 배달 요청 시간을 넘겨 신뢰를 떨어뜨릴 수 있고, 시간 손해와 기름까

지도 낭비하게 된다.

» 메시지카드가 바뀌거나 분실된 경우, 또는 메시지카드나 인수증을 가져오지 않은 경우가 있는데, 그런 경우를 대비하여 배달 차에는 항상 메시지카드나 인수증, 영수증을 비치해서, 문제가 발생할 때는 사무실에 연락을 취해 다시 작성하도록 한다.

» 꽃을 받을 사람이 받는 것을 거부하는 경우도 종종 있다. 이 경우는 받을 사람에게 배달자로서 입장과 상황 설명을 하여 받을 수 있도록 유도한다. 그래도 받지 않을 경우 사무실이나 주문자와 통화를 하여 대책을 세운다.

» 개업식 등에 배달한 상품은 가끔 분실하는 예가 있으므로 인수자에게 확실히 인계한다. 특히 예식장에 배달한 상품 등은 분실 비율이 높으므로 배달을 할 때는 결혼식 직전에 배달하거나 인수자에게 확실하게 인계한다. 만약 분실하였을 경우에는 즉시 새로운 상품을 배달하여 배치한다. 제작할 시간적인 여유가 없을 때는 대행 업체에 주문하여 차질이 없도록 한다.

» 배달 중에 접촉사고나 기타의 문제가 발생한 경우는 사무실로 연락하여 조치를 취할 수 있도록 한다.

수금 관리

꽃집을 창업하기 전이나 창업 초기에는 외상문제를 크게 걱정하지 않는 경영주들이 많다. 그런데 꽃집을 어느 정도 하다 보면 외상에 따른 수금관리가 꽃집 경영에 중요한 문제로 작용한다. 이 수금률은 꽃집의 유형에 따라 큰 차이가 있다.

번화가, 대학가 등에서 꽃다발 위주로 대면 판매하는 곳과 주택가에서 가정용의 화분 식물 등을 대면 판매하는 곳에서는 대부분 현금 판매를 하므로 미수금 비율이 낮은 편이다. 그러나 전화 등의 통신 주문에 의한 배달 주문이 많은 일반적인 꽃집에서는 꽃을 배달 후 수금을 하기 때문에 미수금 발생률이 높다. 이렇게 미수금이 많아지면 운영 자금에 압박을 받고, 수금에 따른 업무량 증가, 손실률 발생, 신상품 구매의 어려움 등 여러 가지 문제점이 발생하므로 수금 관리는 창업 초기부터 철저히 해야 한다.

미수금의 발생 원인

꽃집은 방문 고객이 많은 슈퍼마켓이나 백화점과는 달리 전화 주문에 의한 판매 비율이 높다. 또 근조용 꽃처럼 갑작스럽게 수요가 발생하는 것들이 있는데 대부분 상품이 먼저 배달되고 난 후에 결제가 이루어진다. 그런데 결제가 곧바로 되면 문제가 없지만 제때에 안 되고 미수금으로 남는 경우가 많다. 그렇다고 해서 모든 주문에 대해 입금이 확인된 후에 상품을 배달하게 되면 그렇게 하지 않은 꽃집에게 고객을 빼앗기거나 고객과의 인간적인 관계에 금이 가기도 한다. 그래서 이러지도 저러지도 못하는 상태에서 미수금 발생 비율만 높이게 되는 것이다.

시외의 꽃집에서 시내로 주문하는 통신배달 비중이 높은 것도 미수금의 발생 원인이 되고 있다. 서로에 대해 잘 알지 못하는 상태에서 통신배달이 이루어진 다음 배달을 의뢰한 꽃집이 결제를 미루거나 꽃집을 그만둬 버리는 상황이 발생하는 데서 기인하는 경우로 업계 내에서도 상당히 논란이 되고 있는 부분이다.

미수금에 따른 문제

운영자금의 어려움

미수금이 많게 되면 아무리 많이 팔아도 앞으로 남고 뒤로 밑지는 장사가 되고 결국은 운영자금이 부족하게 된다. 운영자금이 부족하게 되면 생활비는 물론 직원의 보수, 각종 비용 외에 물건 구입이나 판촉활동도 소극적으로 되는 등 꽃집을 원활하게 운영하기가 어려워진다.

업무량 증가

꽃집은 몇몇 업체만 상대하는 것이 아니라 업체를 비롯해서 개인 고객까지 다양한 층이 있다. 업체의 경우는 몇 군데의 회사만 거래할 경우 월말에 결산한다든지 하는 식으로 처리하면 규모가 크더라도 수금 업무가 그다지 어렵지 않다. 그러나 개인 고객의 경우에는 외상 단가는 낮은데 비해 수가 많은 편이다. 가령 100명이 5만 원씩 외상을 하였다면 외상액은 500만 원이지만 이를 수금하기 위해서는 날마다 입금 확인을 해야 하고 100군데를 전화하거나 방문 수금해야 되므로 수금에 따른 업무량이 증가한다.

손실금 발생

미수금은 그 자체로서도 꽃집 경영을 원활하게 하는데 장애가 되지만 미수금의 회수 기간이 길어지다 보면 회수하지 못한 손실금이 발생한다. 즉 꽃을 주문하고 나서 수금까지 기간이 길어지면 고객에게 신상 변화 등이 있어서 수금을 하지 못하는 일도 발생한다.

외상의 증가와 신용불량

미수금 비율이 높은 꽃집은 현금 유동성이 떨어져 도매상들에게 외상 구매를 하는 경우가 많다. 또 외상으로 상품을 구입하는 동안 판매 대금이 조금씩 수금되더라도 그때그때의 생활비나 기타 운영

자금으로 활용하기 쉽다. 그 결과 외상액은 더욱 늘어나 신용불량 꽃집으로 전락하기 쉽다. 더욱이 타 지역 배달도 결제를 하지 못하는 경우까지 발생해 도매상뿐만 아니라 업계 내에서 신용불량자가 되어 꽃집을 그만 두어야 할 상황까지 발생한다.

상품 구색

꽃집의 상품 전략은 매우 중요해 상품의 질이나 구색을 풍부하게 갖춰 놓을 때 새로운 고객을 개척하기 쉽고 기존의 고객을 고정화하기도 쉽다. 그런데 미수금이 많아져 운영자금이 부족하게 되면 물건을 구입하기 어려워지고, 매장은 썰렁하게 된다. 상품의 구색은 물론 질이 떨어지면서 새로운 고객을 개척하기도, 기존 고객을 고정화하기도 어려워진다.

수금과 미수금 관리방안

미수금이 쌓이면 쌓일수록 꽃집 경영을 어렵게 하므로 미수금의 비율을 줄이는 것이 가장 좋다. 미수금을 줄이려면 현금 판매가 좋지만 현금 판매만 하면 매출 증가를 어렵게 하므로 외상 판매를 하되, 받을 수 있는 고객에게 판매하고 판매 후 수금 관리를 확실히 해야 한다.

》 외상 판매율을 줄인다

외상판매율을 줄이기 위해서는 우선 매장 내의 대면 판매율을 최대한 높여야 한다. 매장 내에서 판매하는 비율을 높이면 결과적으로 현금 판매율이 높아지고 자금 운용이 쉬워진다. 통신 주문을 받을 때도 가능하면 주문 시에 결제할 수 있도록 유도를 하고, 통신상에 결제를 할 수 있는 체계를 갖춰 놓는다. 즉 텔레뱅킹, 쇼핑몰의 결제 기능 활용, 카드 사용 유도로 수금 비율을 높인다.

》 선택적으로 외상 판매를 하고 지불 조건을 명확히 한다

고객에 따라서는 수금이 걱정되는 사람들이나 회사가 있는데, 일단 팔고 보자는 식으로 외상 거래를 하게 되면 못 받기 쉽다. 그러므로 고객을 충분히 조사한 다음 외상 거래를 하고, 외상 판매시는 지불 조건을 분명히 명시해 두어야 한다. 특히 꽃의 통신배달 주문에서는 업계 내에서 결제가 좋지 않은 꽃집들이 더러 있으므로 사전에 이에 대한 정보를 파악한 다음 결제가 의심스러운 꽃집과는 아예 처음부터 거래를 하지 않는 것이 좋다.

》 적극적으로 수금을 한다

고객 중에는 결제를 해 줄 의사가 있으면서도 은행가기가 귀찮아서 차일피일 미루는 사람들도 있다. 또 여러 군데에 결제를 해야 할 때 우선적으로 결제를 요청하는 곳 위주로 결제를 하는 경우도 있다. 그러므로 고객이 불쾌하고 귀찮아하지 않는 선에서 적극적으로 수금한다. 방법은 외상으로 주문한 고객이 근무하고 있는 곳 근처에 배달 갈 때 등을 활용하여 허브 화분이나 소품을 들고 방문한다. 근처에 배달 왔다가 들렀다면 크게 기분 나빠하지 않고 결제를 해 주는 경우가 많다. 이때는 휴대용 카드 체크 기계를 가져가 신용카드로도 결제를 할 수 있도록 한다.

》 수금일과 방법을 정해 놓고 한다

고정거래처의 경우 매월 일정한 날과 일정한 방법을 정해 놓고 수금함으로써 고객들이 준비성을 갖도록 한다. 질서 없이 대금을 청구하면 고객들이 돈이 없는 경우에 청구하기 쉽고 이것이 쌓이면 고객들에게 불만을 심어주어 될 대로 되라는 식의 반감을 일으키게 된다.

》 감정이 상하지 않게 수금한다

고객에 따라서는 지불할 성의는 있으면서도 사정상 지불이 늦어질 때가 있는데 이 경우에는 가능한 재촉하는 것을 삼가야 한다. 자꾸 재촉하게 되면 감정이 상하고 자존심상 어떻게든 외상을 갚아주지만 그 이후 거래를 중단해 버리는 경우가 많다. 특히 타 지역 꽃집과의 거래에서 미수금을 수금할 때는 전화로 독촉하기 마련인데, 통화할 때는 얼굴을 보지 않은 상태이기 때문에 언성을 높이는 경우도 있게 된다. 그런데 언성을 높이다 보면 끝내 결제를 해주지 않는 경우조차 발생함을 염두에 두어야 한다. 그러므로 시외 꽃집에 결제를 요청할 때는 우선 입금 여부를 철저히 확인 후 결제가 되지 않았다면 외상 내역을 적어 팩스로 송부해 입금 여부를 확인해주고 입금을 안 했다면 해 달라는 식으로 정중하게 요청한다.

3

꼬치집 창업하기

창업이나 점포 경영에서 반드시 따라 다니는 것이 자금이다. 꽃집 창업에서도 자금보유는 필수 사항인데, 비용이 어느 정도 드는가를 아는 것은 자금조달이나 비용절감 등 대응책을 마련하는데 필요하다. 동시에 수익성 검토와 창업 유무를 결정하는 측면에서도 필요하므로 반드시 짚고 넘어가야 한다.

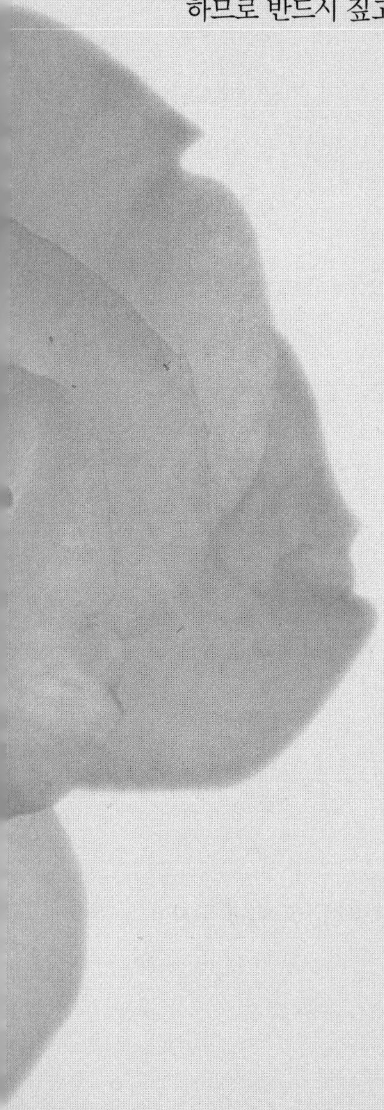

창업비용 계산

창업비용은 점포 임차료 및 보증금, 권리금, 내·외장 공사비, 물건, 비품비, 각종기기류 설비비, 판매촉진비, 운영자금 등이 있다. 이 외에 개업 후에도 곧바로 많은 매출이 오르지 않거나 판매가 되어도 미수금 비율이 높게 되면 생활비, 홍보비, 직원의 급료 등이 계속해서 지출되므로 이것까지를 고려해야 한다.

점포임차료 및 시설비

임차료

꽃집을 창업하기 위해서는 먼저 점포를 선정하여 구입하거나 빌려야 한다. 점포임차료는 지역이나 총 투자비용에 따라 다르지만 꽃집이라는 업종의 특성을 고려할 때 일반적으로 전세 기준 8000만 원이 넘지 않는 선에서 계획을 잡는 것이 좋으며 창업자금이 적을 때는 월세로 하는 것이 좋다.

시설비

지방의 도시나 소도시 읍 단위에서는 점포를 빌리는 것보다 공터에 비닐하우스를 친 형태 또는 조립식 가건물을 생각해 볼 수 있다. 이 경우는 땅만 빌리면 되므로 임차료가 적게 들고 시설비도 기존의 매장을 임차하는 비용보다 적게 드는 편이다. 건물 내에 있는 점포에 비해 연출에 한계가 있다는 단점이 있지만 저렴한 임대료를 주고 넓은 면적을 사용할 수 있는 이점이 있다.

인테리어비 및 사무기기

꽃집의 초기 인테리어비는 최소화하는 것이 좋다. 판매 상품인

그림 3-1. 꽃과 식물은 그 자체가 훌륭한 인테리어 소품이 된다.

꽃과 식물 자체가 훌륭한 인테리어 소품이고(그림 3-1), 창업 후 1년 정도 경영해 보면 개선해야 할 곳이 눈에 띄기 때문이다. 일반적으로 간판, 진열대, 작업대, 리본걸이, 조명, 벽면 장식까지의 비용은 500만 원 이내로 가능하다.

기기류의 설치와 차량비

꽃집에서 필요한 대표적인 기기에는 꽃 냉장고, 겨울을 대비한 난로나 온풍기, 여름을 대비한 에어컨 등이 있다. 이 중 꽃 냉장고는 가능한 한 갖춰 놓는 게 좋은데, 가격은 크기나 제품에 따라 차이가 있지만 대략 200-1000만 원 정도이다.

차량은 관엽식물, 화환 등 부피가 큰 상품의 구입과 납품을 위해 1톤 이상의 화물차가 필요하고, 구입한 후에는 배달 상품의 손상을 막기 위한 천막 설치 작업이 필요하다. 최근에는 배달 · 운송체계가 잘 이루어져 있으므로 배달용 차량을 따로 구입하는 대신 용역업체에 위탁하기도 한다.

사무기기 및 비즈니스 양식 구입비

전화기, 팩시밀리, 컴퓨터, 리본 글씨 출력용 프로그램과 프린터, 고객관리 프로그램, 사무용과 접객용 테이블까지의 비용은 300-500만 원 정도면 가능하다.

비즈니스 양식에는 명함, 개업안내장, 주문접수증, 인수증, 견적서, 봉투 등이 있는데 20만 원 정도면 제작이 가능하다.

홍보물 제작비

홍보물의 종류는 다양하지만 개업과 동시에 꼭 필요한 것은 스티커, 책받침형 상품카탈로그이며, 40만 원 정도의 비용이 든다.

초도 상품비

초도 상품비는 어떤 품목을 취급할 것인가에 따라 달라진다. 일반 꽃집의 경우, 절화는 20-70만 원, 난은 50-100만 원, 관엽식물 200-400만 원, 기타 소품 및 자재는 50-100만 원 정도 든다.

초기 운전자금

개업하자마자 곧바로 많은 수익을 내는 곳은 많지 않다. 막상 개업을 하여 운영하게 되면 창업 전에는 생각하지도 못했던 비용이 발생하기 때문이다. 요컨대 차량 운행을 위한 연료비, 미수금에 따른 자금 유동성, 생활비 등 여러 가지 요인이 발생하므로 여유 있게 준비해 두는 게 좋다.

기타

체인점 등에 가입하면 가맹비가 있는데 체인 회사에 따라 20-100만 원 정도를 가맹시에 납입한다. 이 밖에 연수회 참가비, 책자 구입비 등에도 비용이 소요된다.

사이버판매인 경우

점포를 별도로 얻지 않고 온라인에서 하기 때문에 컴퓨터만 있으면 집에서도 쉽게 할 수 있으므로 비용은 많이 들지 않는 편이다. 그러나 최근 사이버판매도 경쟁이 치열해 짐에 따라 경쟁력을 갖춘 온라인 쇼핑몰을 만들기 위해서는 서버를 갖춰야 하고, 상품의 제작과 사진촬영, 쇼핑몰의 제작과 관리, 홍보활동 등 여러 부분에 투자해야 한다. 그런 비용들을 계산해 보면 기본적으로 500-3,000만 원 정도는 필요하다.

창업비용을 최소화하는 방법

창업자금이 소자본일 경우, 대출 제도를 통해 창업지원금 등을 빌릴 수도 있지만 이는 비용을 줄이는 것과는 별개의 문제이다. 꽃집도 다른 업종에 비해 창업 자본이 적게 드는 편이긴 하지만 점포를 빌려서 연출하고 상품을 진열해야 하므로 결코 적다고만도 할 수 없다. 그 때문에 자금이 없는 분들은 쉽게 포기하곤 하는데, 꽃집은 꽃이라는 상품의 특성, 유통 특성을 어떻게 파악하느냐에 따라 창업비용이 매우 현격히 차이날 수 있는 업종이다.

가령, 집에서 인터넷을 이용한 사이버판매를 하거나 예식장이나 웨딩드레스 실에 웨딩부케를 납품하는 것만 취급할 경우 임차료는 소요되지 않으며, 임차료가 저렴한 비닐하우스 등을 빌려 분경이나 수경재배용 상품을 만들어 도매상이나 꽃집에 납품하는 것, 화환 등 꽃집 상품을 대행하는 것, 공터에 조립식 건물을 짓거나 건물과 건물 틈새의 공간을 활용하여 꽃다발 위주의 판매 등을 하면 최소의 비용으로도 창업할 수 있다.

수익성 분석

꽃집 창업은 다른 업종과 마찬가지로 신중하게 생각한 뒤 꼼꼼한 준비과정을 거쳐야 한다. 아무런 준비나 수익성 검토 없이도 개업만 해 놓으면 물건이 팔리고 점포가 잘 운영될 것이라 믿고 창업하는 것은 위험천만한 일이다. 최소한 하루에 얼마 정도 팔아서 얼마 정도 남겨야 운영이 되고 원하는 수익을 얻을 수 있나? 또 꽃집의 운영형태, 입지, 판촉활동이나 인맥을 검토해 볼 때 최소한 어느 정도의 매출액과 수익성은 보장된다라는 확신이 서거나 대응책을 마련한 다음 개업해야 유지되고 발전할 수 있다. 만약 여러모로 검토해 보아도 수익성이 맞지 않으면 미련 없이 창업을 포기하는 것도 금전이나 시간 손실을 줄이는 길이다.

투자비용과 운영자금 산출

수익성 분석을 위해서는 우선 임차보증금, 점포의 권리금, 시설비, 인테리어비용, 꽃 냉장고비, 차량구입비, 초도 상품비, 개업홍보비 등 꽃집을 창업할 때 드는 비용과 점포를 운영하면서 지출이 예상되는 월 임차료, 감가상각비, 인건비, 재료비, 세금과 공과금 등을 산출해 본다.

예상 매출액 추정

꽃집의 수익성 분석을 위해서는 창업할 때 예상되는 비용과 창업 후 운영자금을 산출한 다음 예상 매출액을 조사하여 분석을 해야 된다. 예상 매출액은 지역과 입지, 판매품목, 계절과 기념일, 인맥, 거래처 등 다양한 요인에 의해 좌우되고, 개업 후 경영 능력에 따라 달라지기 때문에 쉽게 예상할 수는 없다. 그러나 기존의 꽃집 매출 내역이나 상품가격, 고객 특성을 분석하면 창업 초기의 예상 매출액을 조사할 수 있다.

지역과 입지

꽃집의 창업 초기 매출액에 가장 많은 영향을 미치는 것은 점포의 입지와 인맥, 체인점이다. 입지는 꽃집을 하고자 하는 지역(대도시, 중소도시, 군, 읍 단위)에 따라 차이가 있는데, 군이나 읍 단위에 있는 꽃집들은 입지의 영향을 크게 받지 않는 편이다.

한편 입지는 판매품목 및 고객층과 밀접한 관련이 있고, 이것은 개업 후 매출의 증감율과도 관련이 있다. 가령, 대도시에 있는 시내 번화가의 차 없는 거리나 대학로에 꽃집을 개업하면 주로 방문 고객을 상대로 꽃다발, 꽃바구니 등을 팔게 된다. 매출액은 개업하는 순간부터 1일 20-50만 원 정도 되지만, 문제는 일정기간이 경과해도 고정 고객이나 매출액에 크게 변화가 없다는 점이다. 반대로 대도시의 사무실 밀집지역이나 대형빌딩 근처에 꽃집을 개업하면 초기에는 매출이 별로 없지만, 시일이 지나면 꽃바구니, 화환, 난, 관엽식물 등 업무용 상품을 중심으로 판매가 증가되면서 매출액이 1일 50-200만 원 정도까지 이르고 고정 고객이 증가함에 따라 통신에 의한 주문 비율도 높아진다. 주택가나 아파트 단지에 개업을 하면 가정용 관엽식물, 소품, 분화 식물, 원예자재 위주로 판매되며, 주 고객은 방문 구매하는 주부들로 매출액이 10-30만 원 선이고, 시일이 지나도 매출액이 급격하게 증가하지 않는 편이다.

이와 같이 예상 매출분석은 입지에 따라 달라지므로 개업하고자 하는 지역이나 입지에 있는 꽃집의 매출액을 조사한 다음 자신의 상황과 결부시켜 예상 매출액을 산출하는 데 참고하면 좋다.

인맥

꽃집을 창업한 초기에는 고정 고객이 없으므로 매출은 방문고객 외에 친인척, 사회활동을 통해 알게 된 사람 등 인맥의 의존도가 높다. 그런데 인맥은 창업 초기뿐만 아니라 시일이 지나도 꽃집의 매출에 크게 영향을 미치므로 이에 대한 분석을 미리 하는 게 좋다. 인맥에 따른 매출액은 꽃집을 창업했을 때 고객이 되어 줄 사람 수×1인 평균 예상 구매액이다. 가령, 1인당 연평균 30만 원 정도를 구매할 것으로 예상되는 사람이 365명 정도 된다면 개업을 하는 순간 1

일 평균 30만 원 정도의 매출을 올릴 수 있게 되는 것이다. 그런데 실제적으로는 많은 사람을 알고 있어도 알고 있는 사람이 다 고객이 되는 것은 아니며, 개인고객의 연간 구매액은 대부분 10만 원 이하인 경우가 많고, 관리상의 문제도 있으므로 창업 시는 회사 경영자나 간부급 등 대량구매를 하거나 영향력을 행사할 수 있는 사람의 수와 구매량을 조사하여 예상 매출액을 산출하는 것이 좋다.

한편, 그림 3-2는 연매출액이 2억5천만 원인 어느 꽃집의 매출내역을 조사한 결과인데 전체 매출 중 제약회사가 15%인 3,750만 원, 전자제품 체인업체가 13%인 3,250만 원, 온라인업체가 11%인 2,750만 원, 꽃집 체인점이 8%인 2,000만 원 정도로 4군데의 거래처가 전체 매출액의 47%를 차지하고 있었다. 이 중 제약회사나 체인업체의 경영주는 이 꽃집 경영주와 인척관계이며 온라인업체 사

(그림 3-2. 어느 꽃집의 고객별 매출내역)

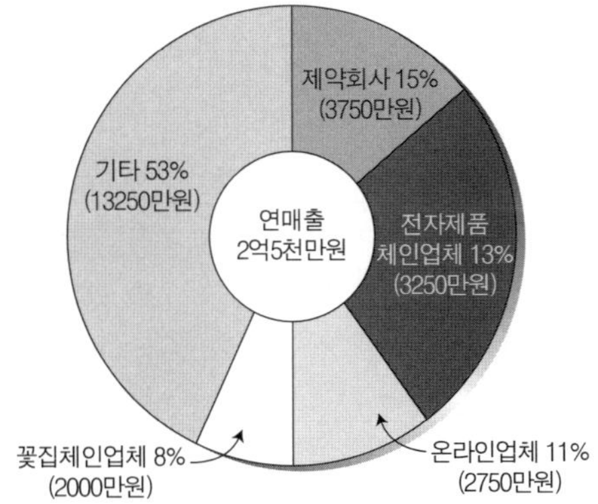

장과는 친구 사이였다. 결과적으로 이 꽃집은 인척이나 친구 등 인맥에 의한 매출액이 39%로 연평균 9,750만 원이나 되는 셈이기 때문에 소수의 인맥만으로도 꽃집 운영이 가능함을 보여주고 있다. 따라서 인맥이라고 하면 사람 숫자가 아니라 실제적으로 꽃을 다량으로 구매할 수 있는 사람 위주로 월간 구매액을 조사한 후, 이를 바탕으로 예상 매출액을 산출하는 것이 좋다.

체인점 및 제휴업체

꽃집의 고객에는 개인이나 일반 회사 고객 외에 통신판매업체나 체인점 가맹에 따른 체인점 고객이 있으므로 창업을 계획할 때, 이 부분까지도 고려하는 것이 좋다. 그림 3-2에 의하면 온라인업체에서 구매한 것이 11%, 체인점에서 수주한 것이 8%로 체인점이나 온라인업체에서 차지하는 매출 비율이 19%나 된다. 이는 짧은 시간에 큰 거래처를 확보할 수 있음을 나타냄과 동시에 체인점 가맹 및 다른 업체와의 제휴로 매출을 올릴 수 있음을 의미한다. 따라서 상황에 따라서는 체인점 가맹이나 꽃 관련 주문업체 등을 모색하여 제휴를 하는 것이 좋은데, 예상 매출액은 그들 업체들의 월 평균 구매액이나 발주액을 조사한 후 이를 감안하여 추정하면 된다.

계절 및 월별 매출 차이

꽃집의 매출액은 계절에 따라, 또 주말이나 기념일에 따라 차이가 심하다. 따라서 매출액을 분석할 때는 월별, 각종 기념일별 예컨대 졸업과 입학철 그리고 발렌타인데이와 화이트데이가 들어 있는 3월, 스승의 날과 어버이날이 있는 5월, 크리스마스가 들어 있는 12월 등으로 구별하여 예상 매출액을 산출할 필요가 있다.

판매 상품과 단가

예상 매출액 분석은 어떤 사람에게 얼마를 팔 것인가와 함께 어떤 상품을 얼마에 어느 정도 팔 것인가를 예상하는 일이다. 꽃집에서 판매되는 대표적인 상품 가격은 일반적으로 경조화환은 10만 원, 관엽식물과 난은 5~10만 원, 꽃다발은 1~3만 원이다. 따라서 경조화환을 기준으로 할 때 월 평균 1,500만 원의 매출을 올리기 위해서는 월 평균 150개, 일 평균 5개의 화환을 판매해야 한다. 꽃다발의 경우 1일에 30만 원의 매출을 올리기 위해서는 1만 원짜리 꽃다발은 30개, 2만 원짜리는 15개를 팔아야 하므로 예상 매출액 산정 시는 어떠한 상품을 어느 정도의 비율과 양으로 팔아야 하루에 얼마 정도의 매출을 올릴 것인가를 구체적으로 추정하는 것이 좋다.

❁❁❁

창업비용과 수익성 분석 사례

창업비용과 수익성은 꽃집에 따라 다르고 창업을 예정 중인 분들의 사정에 따라서도 다를 것이다. 다음의 사례는 창업과 경영에 따른 비용과 창업 후 예상되는 매출을 통해 손익분기점과 수익을 분석한 것이므로 이를 참조하여 분석을 해 보았으면 한다.

비용 분석

비용은 크게 고정비와 변동비로 구분할 수 있는데, 고정비에는 고정적으로 소요되는 것으로 임차료, 시설물이나 설비의 감가상각비(고정설비자산 - 잔존가액/ 내용 년수), 인건비, 세금과 공과금, 잡비가 포함된다(표 3-1). 변동비는 매출원가, 잡비 등이 포함되는데, 매출원가는 매출액×마진율(%)이다. 그러므로 표 3-1에서 매출원가는 5,400,000×마진율 50%로 하면 2,700,000원이 된다.

예상 월 매출액

개업하고자 하는 곳에서 시장 조사를 한 결과 꽃집 개업시 고객은 1일 15명 정도, 구입품목은 꽃다발로 평균 12,000원이 예상되었다. 그러므로 예상 매출액은 「1인 평균 단가×고객 수×30일 =

〈표 3-1. 꽃집의 운영에서 예상되는 비용과 매출액 예/ (단위 : 원)〉

구분	고정비	비율(%)	변동비	비율(%)	계
매출원가			2,700,000	100	2,700,000
감가상각비	120,000	100			120,000
인건비	600,000	100			600,000
임차료	300,000	100			300,000
세금과 공과금	100,000	67	50	33	150,000
잡비	50,000	50	50	50	100,000
계	1,170,000		2,800,000		3,970,000

12,000원×15명×30일 = 5,400,000원」이었다.

손익 분기점과 월 순수익

손익분기점은 이익도 손해도 없는 상태로 「손익 분기점=고정비 / 1-(변동비/ 매출액)」이다. 이를 표 3-1에 적용해 보면 「1,170,000원/ 1-(2,800,000원/ 5,400,000원)=2,437,500원」이 된다. 그러므로 월 순수익은 월 총매출액 5,400,000원에서 손익분기점인 2,437,500원을 빼면 2,962,500원이 된다. 그런데 이것에는 경영주의 인건비를 포함시키지 않았으므로 실제적인 순이익률은 경영주의 인건비를 어떻게 계산하느냐에 따라 달라진다.

수업과 연수

꽃집은 소매점이지만 상품을 구비한 다음 일정액의 마진만 남기고 파는 것이 아니라 재료상의 꽃을 구입하여 꽃다발, 꽃바구니 등으로 제작하여 판매한다. 또 관엽식물, 난 등은 살아있는 식물체를 구입하여 관리 · 연출 · 판매하기 때문에 디자인력이 필요한데, 이것들은 하루아침에 배울 수 없다. 그러므로 최소한 개업 전에 수업이나 연수를 통해 꽃집 운영에 필요한 기초적인 사항들을 익혀 두어야만 업무를 원활하게 수행할 수 있다.

자습

자습의 필요성

꽃집의 업무는 관엽식물, 난, 절화, 선인장 등 취급상품이 많음에 따라 우선 꽃 이름을 외우고 각각의 특성에 따라 관리해야 한다. 계절에 따라 출하되는 것도 다른데, 이런 상품을 소재로 하는 만큼 꽃다발, 꽃바구니, 분경 등을 연출하고 포장한 후 리본에 글씨를 써 붙이고 배달하는 등의 기술적인 것 외에도 하나의 비즈니스로서 경영을 해야 한다. 그런데 이 모든 사항들은 꽃꽂이학원, 꽃집 창업교실 또는 연수를 통해서 배우기가 쉽지 않다. 우선 시간과 경비 문제도 있지만 그 모든 것을 다 지도해 줄 수 있는 곳이 거의 없기 때문이다. 따라서 창업 전에 스스로 익힐 수 있는 것은 익혀 두는 것이 시간과 경비 절약은 물론 경영 기초를 튼튼히 할 수 있다.

자습내용

꽃집을 개업하기 위해 스스로 배워두어야 할 것은 너무나 많다. 그 중에서도 우선적으로 자습해 두어야 할 것은 다음과 같다.

» 꽃집에서 유통되고 있는 절화, 분화류, 관엽식물, 난, 선인장 등의 이름과 각 식물별 원산지, 생육 특성과 관리요령, 절화의 수명연장 방법 등은 식물도감이나 관련 서적을 통해서라도 공부를 해두는 것이 좋다.

» 꽃집에서 꽃이 유통되는 체계, 꽃배달 체계 등 꽃의 구매에서 배달, 납품에 이르기까지 꽃집 일의 흐름에 대해 공부해 둔다.

» 상품 제작 측면에서 기회가 닿는 대로 상품을 유심히 살펴보고 특성을 파악해 둔다. 또 카탈로그나 꽃 작품 사진 등을 종류나 기법별로 스크랩하여 둔다. 보다 적극적으로 자습하고자 할 때는 꽃다발 등을 구입한 후 풀어보고 다시 역순으로 포장을 하는 등 실제적으로 행해 본다. 플라워디자인도 어렵게 생각하는 분들이 많지만 꽃집 경영주 중에는 학원에 다니지 않고 자습으로 익혀서 시작한 사람들도 많다.

» 꽃집은 하나의 사업체로서 비즈니스 측면의 경영이 요구되므로 경영

에 관련된 이론 공부나 꽃집 경영사례에 대해 공부하여 경영 감각을 익혀 둔다.

자습 방법

어떤 분야이든 혼자서 공부하고 익히는 것은 쉬운 일이 아니다. 꽃집 업무 중에서 식물 이름을 외우는 것이나 경영에 대한 이론 공부는 어느 정도 자습으로 할 수 있으나 꽃꽂이, 화환, 꽃바구니, 꽃다발 같은 플라워디자인은 쉽지가 않아 학원이나 꽃집에서 아르바이트 등을 하면서 배우는 게 현실이다. 그런데 플라워디자인도 그 원리를 알고 좋은 방법으로 공부하면 보다 쉽게 배울 수 있다. 다음은 꽃집의 업무를 쉽게 자습할 수 있는 방법이다.

》자료를 수집하고 활용한다

관련서적을 구입하여 공부한다. 관련서적이 없거나 구입이 쉽지 않을 때는 사진을 찍거나 잡지 등에서 오려서 스크랩을 해 두고 공부한다.

》원리를 이해한다

꽃바구니, 화환, 꽃 포장 등은 많은 유형이 있는 것 같아도 유형별로 분류를 해보면 몇 가지밖에 되지 않는다. 몇 가지 유형을 기본으로 해서 응용을 하기 때문에 이 기본적인 유형의 원리를 이해하면 쉽게 자습할 수 있다.

》 그림을 그려보고 치수를 파악한다

상품을 분해해 보는 것과 함께 제작 과정을 그림으로 그려보면 실제로 자신이 제작한 것처럼 그 순서나 기술을 쉽게 이해할 수 있다. 특히 각각의 절화나 분식물, 그리고 바구니, 꽃다발 등에 사용되는 재료 및 꽃의 치수를 파악해 두면 쉽게 익힐 수가 있다.

- » 제작 과정을 머릿속에 그려본다.
- » 제작 과정에 따라 제작해 본다.
- » 관련업체에서 아르바이트하면서 스스로 익힌다.
- » 꽃집의 일은 꽃이라는 계절상품을 취급한다. 그런 만큼 해마다 유행하는 상품이 있기 마련이며, 꽃에 대한 정보도 수시로 모아 공부해야 한다.

수업

수업의 필요성

꽃집의 주요 업무 중 하나가 절화 상태의 재료로 꽃다발, 꽃바구니 등을 연출하고 포장하는 것이다. 그런 만큼 연출 솜씨나 포장 솜씨 자체가 상품 전략이 되므로 수업을 통해서 상품 제작능력을 갖춰 두어야 한다.

수업 내용

꽃집을 하기 위해 꽃꽂이학원을 3년 혹은 5년을 다녔는데도 직접 꽃집을 해 보니 학원에서 배운 것이 별로 쓸모가 없다는 얘기를 종종 들을 수 있다. 이는 꽃집에서 꼭 필요한 것 위주로 배우지 않았기 때문이다. 그러므로 수업 내용은 꽃집에서 꼭 필요하되 자습으로 익히기에는 다소 어려운 것 위주로 받는 것이 좋다. 일반적으로 꽃집에서 필요한 것은 일반 꽃꽂이 교실에서 가르치는 꽃꽂이 과정과 상당한 차이가 있다. 그러므로 수업은 꽃집 창업 후 취급하고자 하는 품목이나 꽃집의 판매품목 내역 분석 결과 비중이 큰 꽃바구니, 경조화환, 사방화, 꽃다발 및 분식물 포장 위주로 배우는 것이 좋다.

수업 기간

플라워디자인을 배운다면 원칙적으로는 최소한 주 1회 수업 기준으로 1년은 배워야 한다. 각 계절마다 출하되고 자주 이용하는 소재가 다르기 때문에 각 계절의 꽃을 전부 다뤄보고 이용해 보아야 하기 때문이다. 또 기념일에 따라 그에 맞는 상품 제작 수업을 받을 수 있고 수업을 받을수록 기술 습득 완성도가 높아지기 때문이다.

하지만 현실적으로는 비용과 시간 등으로 오랫동안 수업을 받기가 부담되는 경우가 많다. 그럴 경우 3개월에서 6개월 정도 배우면 꽃집운영에 필요한 기초적인 디자인은 배울 수 있다. 만약 3개월 정도도 배울 시간적 여유가 없다면 꽃집에서 필요한 것 위주로 가르치는 곳을 선택하여 우선적으로 꼭 필요한 것 몇 가지씩을 배운다.그 다음은 개업한 뒤에 배울 요량이라면 1개월, 더 짧게는 1주일 정도도 가능하다. 하지만 이 경우는 개업 후 금방 한계가 나타나고 시행착오를 겪기도 쉬우므로 개업 후라도 공부하는 것이 개인의 자질향상과 꽃집의 발전은 물론 꽃집 업계의 신뢰측면에서도 좋다.

수업 기관

꽃집 창업을 위해 필요한 것을 배울 수 있는 곳으로는 꽃꽂이 학원이나 강습소, 구청의 복지회관, 대학의 사회교육원 등 다양한데, 수업기관에 따라 수업내용에 차이가 있다(그림 3-3). 그러므로 다음의 조건을 갖춘 수업 기관을 선택하여 수업을 받는 게 좋다.

» 창업하고자 하는 형태의 꽃집에서 우선적으로 필요한 디자인을 가르치는 곳
» 실제로 꽃집이나 관련업체를 운영하면서 꽃집 창업 교실을 운영하는 곳
» 꽃꽂이 교실이라도 꽃집 등의 사정을 잘 알거나 경험이 있는 곳
» 창업 이후에도 필요에 따라 지도를 받을 수 있는 곳

그림 3-3. 수업기관은 꽃집에서 실제적으로 필요한 내용을 가르치는 곳을 선택하는 게 좋다.

» 인간적인 관계를 유지하면서 계속적으로 상담이나 지도를 받을 수 있는 곳

연수

연수의 필요성

책을 읽어 배우고, 수업을 통해 배우는 것은 그것 나름대로

의미가 있고 꽃집 경영에도 필요하다. 그러나 그것만으로 부족한 게 꽃집 일이다. 학원에서는 구입해 놓은 꽃으로 상품을 만드는 것만 배우지 꽃집처럼 본인이 직접 꽃을 구입하고, 손님과 상품, 꽃의 종류, 가격을 교섭하고 그것을 디자인하여 파는 경험까지는 배우지 못한다. 그 일련의 작업을 배우기 위해서는 무엇보다 현장 경험이라는 것이 필요하다.

연수 장소

연수는 아무 꽃집에서 하기보다는 가능한 한 다음 같은 조건이 맞는 곳에서 한다.

》 자신이 창업하고자 하는 유형의 꽃집이다

꽃집은 위치나 주 판매품목, 경영방식에 따라 차이가 심하다. 따라서 자신이 구상하고 있는 꽃집과는 다른 곳에서 연수를 하게 되면 꽃집을 창업했을 때 크게 도움이 되지 않는 경우도 있다. 그러므로 독립하기 전에 판매방식, 상품구성, 점포레이아웃, 상품내용 등 자신이 하고자 하는 유형의 꽃집을 설정한 후 그와 비슷한 유형의 점포에서 연수하는 것이 좋다.

》 돈을 잘 버는 꽃집이다

꽃집을 창업하기 위해 꽃집에서 일을 배울 때는 가능한 돈을 잘 버는 꽃집에서 연수를 했으면 한다. 돈을 잘 버는 꽃집은 그 나름대로 이유가 있기 때문에 그것을 배울 수가 있다. 실제로 많은 꽃집을 다니면서 느낀 것인데 장사를 못하는 사람들은 습관적으로 이익을 못내는 꽃집에서 일을 배운 사람이 독립을 해서 꽃집을 차린 경우가 많았다. 이 같은 이야기는 기업 활동에서도 마찬가지라고 한다.

기업에서도 버는 버릇이 없는 기업은 벌기 위해 신규 분야에 진출해도 90% 이상은 벌지 못한다고 한다. 반대로 버는 버릇이 습관적으로 배어 있는 기업은 무엇을 하든 벌게 된다고 한다. 그러므로 현재 꽃집 창업을 위해 꽃집에서 연수하려고 마음먹은 예비 경영주들은 가급적이면 돈을 잘 버는 꽃집에서 연수를 했으면 한다.

연수 기간

꽃집에서 판매하는 상품은 계절상품이 많다. 또 꽃집은 기념일에 따라 판매상품, 방식에 차이가 심하므로 이를 경험해 보기 위해서는 최소 1년은 해야 한다. 꽃집의 일은 1년 사이클이기 때문이나. 그러나 꽃집의 일은 한 번의 경험으로 여러 가지 상황에 대처하기가 쉽지 않다. 2년이면 어느 정도 대처능력은 생기나 시행착오를 할 수 있다. 그런 점에서 3년은 해야 제대로 대응할 수 있으므로 원칙적으로 3년쯤 하는 것이 좋다. 하지만 현실적으로 꽃집에서 아르바이트를 하거나 연수를 위해 꽃집의 직원으로 근무할 경우, 꽃집의 월급이 대체적으로 낮은 수준이라 오랫동안 하게 되면 경제적인 문제가 뒤따른다.

따라서 수업을 충실히 받고 적극적인 자세로 임한다면 1-2개월 정도로도 가능하리라 생각된다. 1-2개월이라면 통신배달시스템, 접객에 대한 자신감, 마케팅 방법, 수업 시 배운 상품과 현장에서 판매되는 상품과의 차이점, 거래처 관리요령 등 기본적인 것은 이해할 수 있을 것이다. 또 도시에서 개업을 할 때는 길게 하고, 시골에서 개업하고자 할 때는 짧게 해도 좋다. 도시에서는 인맥을 중요시하는 시골과 달리 디자인기술과 마케팅 및 접객을 중요시하기 때문이다.

연수 내용

꽃꽂이 교실에서 배운 것을 꽃집에서는 실제로 써 먹지 못하는 경우가 많다. 수업에서 배운 것과 현장에서 필요한 것과의 차이 때문이다. 다시 말해 제작자 측면과 고객의 선호도 차이, 즉 작품성 있는 상품을 사고자하는 고객과 원가를 절감하여 이익률을 향상시키고자 하는 경영주의 입장에서 많이 발생하는데 연수에서는 이것까지도 배워 두어야 한다. 고객이 어떤 유형을 선호하며, 같은 상품이라도 어떻게 제작하는 것이 원가가 절감되는가 그리고 수발주, 판촉활동 등 마케팅과 경영 부문에 대한 내용이 그것이다.

온라인업체

꽃집을 하기 위해 수업 및 연수를 한다 해도 꽃 전문 온라인업체를 창업하고자 할 때는 오프라인 꽃집을 창업하고자 할 때와 차이가 있다. 현재 꽃 전문 온라인업체는 온라인 쪽에 강한 사람들이 꽃집에서 사이버판매를 담당하다가 독립한 사람들이 많은데, 이들은 대부분 꽃 상품의 제작능력은 없어도 꽃 관련 업체에 근무하면서 꽃의 유통체계, 상품지식, 이름, 용도, 고객 특성 등을 배운 후 독립한 경우다. 그러므로 꽃 전문 온라인업체 창업과 관련된 수업이나 연수를 미리 한다면 그들처럼 고객의 취향을 쉽게 판단할 뿐 아니라 접객시 상담이나 제안 등도 쉽게 할 수 있어 유리하다.

한편, 꽃 전문 쇼핑몰을 개설하려는 계획이 있다면 기존 업체의 웹사이트를 모두 방문하여 각 사이트의 장단점을 분석한 다음 몇 개 사이트를 선정하여 벤치마킹하는 것도 좋다.

경영자로서의 자질 개발

꽃집은 꽃의 수요 증가에 힘입어 계속해서 발전될 것으로 전망되지만 꽃집 간의 경쟁은 더욱 더 격화될 것으로 보인다. 많은 꽃집들이 벌이는 치열한 경쟁 속에서 살아남고 발전하기 위해서는 플라워디자인 능력 못지않게 경영이나 마케팅에 대한 공부가 필수적이다. 우리나라의 꽃집 업계에서는 현재까지도 플라워디자인의 자질, 점포의 전통, 경험을 중요시 여기고 있는 편이지만 이것만으로는 발전할 수 없다. 고객의 입장에서 생각하는 경영이나 마케팅 센스를 기르는 등, 넓은 시야에서 꽃집이라는 사업을 발전시켜야 한다. 그러기 위해서는 경영이라는 관점에서 접근하는 법, 객관적인 데이터를 이용해 마케팅 전략 세우는 법에 대한 공부가 필요하다. 만약 다른 업종에서 근무했던 분들이 꽃집을 창업하고자 한다면 자신이 일했던 분야의 마케팅 방법을 꽃집 경영에 접목,활용하는 것이 크게 도움이 된다.

위탁 체계

꽃집의 창업 초기에는 경험이나 기술력 부족으로 소비자들의 주문에 제대로 대응하지 못하는 경우도 발생한다. 실력이 있어도 제작시간이 없다든지 부재중이여서 주문을 접수하지 못하는 경우도 있다. 또 꽃집 면적이나 위치에 따라 다양한 상품을 갖춰 놓지 못해 주문한 상품을 공급하지 못하는 경우도 있다. 이러한 경우를 대비하여 창업 전에 꽃집의 업무를 대행해 주는 대행업체를 파악해 그 위탁 체계를 이해해 두면 창업 이후, 주문에 대응하지 못해 고객에게 실수하는 경우를 크게 줄일 수 있다.

아울러 주변의 실력 있는 꽃집과 인간관계를 맺어 필요에 따라 위탁할 수 있도록 하면 지역에 따라 대행업체가 없는 경우, 상품이 없어서, 기술이 없어서, 시간이 없어서 주문에 대응하지 못하는 일은 없을 것이다.

위탁 체계의 구조

위탁 체계는 좁은 의미로는 꽃집이 꽃집의 일을 대행해 주는 체계이다. 넓은 의미로는 다른 지역에 있는 꽃집에 배달을 의뢰하거나 시외 지역의 꽃집이 시내 꽃집으로 주문하는 것까지 포함되지만 이것은 통신배달에서 별도로 구분하였다. 그러므로 여기에서는 동일 지역에서 꽃집 일을 대행해 주는 업체와 꽃집과의 관계에 대한 것으로 한정하였다. 그 체계는 고객이 꽃집에 주문을 하게 되면 꽃집에서는 그것을 접수받고 20-30%의 마진을 남긴 다음 대행업체에 주

(그림 3-4. 꽃집과 위탁 체계의 관계)

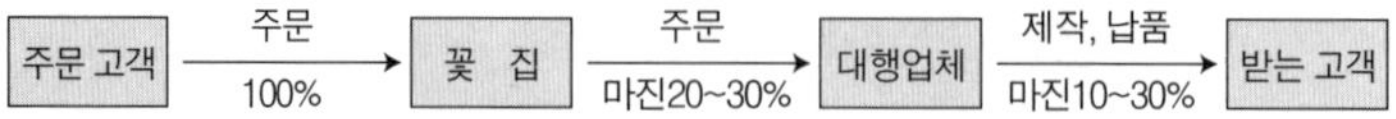

문을 한다. 그러면 대행업체에서는 상품을 제작하여 다시 10~30%의 마진을 남기고 배달 및 납품까지 해 주는 체계이다(그림 3-4).

이 위탁 체계를 활용하면 꽃집은 전화 한 통화로 상품을 시간 들여 제작하지 않아도 직접 제작하여 배달, 납품하는 것과 같은 마진율을 남기는 것이 가능하다. 그렇지만 상품 수준이 꽃집에서 한 것과 차이가 있거나 고객에 따른 상품 공급 조정이 어려워 상품신용도가 문제될 수 있고, 직접 제작할 기회가 적어져 상품 제작 노하우 축적이 어렵다는 단점이 있다.

화환의 위탁업체

등장 배경

우리나라 대부분의 꽃집들은 경조화환의 수주가 이익은 되지만 한편으로는 골치가 아프다고 한다. 특히 근조용일 경우에는 더욱 그렇다. 보통 축하용은 일시가 미리 정해지기 때문에 사전에 꽃의 종류와 상태를 보아가며 준비할 수 있지만 근조용은 갑작스럽게 주문하기 때문에 준비할 수 있는 시간적 여유가 많지 않다. 더욱이 축하용 꽃은 화려한 꽃이기 때문에 축하화환이 아니더라도 꽃바구니나 꽃다발로서도 무리 없이 사용된다. 하지만 근조용에 사용되는 꽃은 대부분이 흰색이나 황색국화로 근조용 외에는 특별히 다른 용도로

쓰기에 마땅치 않은 것이라 언제 누가 죽을지 모르는 상황에서 꽃부터 갖추어 놓기가 쉽지 않다. 물론 경험 있는 꽃집에서는 경험에 의해 어느 정도 갖춰 놓지만 그래도 의외적인 상황이 자주 발생하여 때때로 재고가 생기고 꽃이 부족해 단골 고객의 주문인데도 응대하지 못하는 경우도 있다. 또 꽃집의 규모가 작은 경우 좁은 면적에서 부피가 큰 화환을 제작할 공간이 없을 뿐 아니라 부피가 크고 시간을 맞춰 배달해야 하므로 배달 전용 차량이 필요하다는 문제점이 있다. 경조화환 위탁업체는 꽃집 주인들이 부딪히는 이와 같은 문제에 힌트를 얻어 등장하게 되었다.

운영 특징

꽃집에서 경조화환은 매출액을 올리는 데는 크게 도움이 되지만 재고 처리, 화환대 등의 자재 구입과 제작 공간 부족, 배달의 어려움이라는 문제가 뒤따른다. 반면 경조화환 위탁업체에는 경조화환 한 품목을 전문화함으로써 소재의 구입에서 배달, 납품에 이르기까지의 비용과 과정을 최소화하고 있어서 표 3-2와 같은 가격으로 꽃집의 화환을 대행해 주고 있다. 주요 운영 특징은 다음과 같다.

» 청지나 오브제는 대량으로 사용하기 때문에 직접 채취 또는 제작하거나 산지 직송으로 구입하기 때문에 유통비가 적게 드는 편이다.

» 꽃은 대량 구입하기 때문에 직거래가 가능하고 저렴하게 구입할 수

〈표 3-2. 화환 전문 수주 회사의 화환 대행 가격〉

업체	용도			지역	비고
	축하 3단	축하 2단	영정용 바구니		
A 업체	70,000원	55,000원	35,000원	D 지역	2002년 12월 기준
B 업체	65,000원	50,000원	30,000원	G 지역	2003년 1월 기준
C 업체	80,000원	65,000원	35,000원	C 지역	2003년 1월 기준

있다.

» 일반 꽃집에서는 소량으로 하기 때문에 꽃의 회전율이 늦어 신선도가 떨어지거나 재고 발생이 많지만 위탁업체에서는 대량으로 하기 때문에 꽃을 구입하여 사용하기까지의 시간이 짧아 재고율이 극히 낮다.

» 화환을 미리 꽂아 둔 후 주문이 들어오면 곧바로 배달하는 체계를 갖추고 있기 때문에 주문에서 배달까지의 시간이 적게 걸리고, 납품시간이 촉박한 주문에 쉽게 대응할 수 있다.

» 꽃을 꽂는 것이 전문화되어 있기 때문에 꽂는 시간이 단축되고 적은 소재로도 멋을 부릴 수 있다.

» 대량 배달하기 때문에 지리에 익숙하며 같은 방향 또는 같은 장소에 한꺼번에 싣고 가는 일이 많아 운반비가 절감된다.

분식물 및 난 위탁업체

분식물은 주로 플라스틱 화분 상태로 심어져 유통된다. 꽃집에서는 플라스틱 화분에 심겨진 식물을 화분 포장만 한 채로 판매하는 경우도 있지만 도자기 화분에 심어서 판매하는 경우도 있다. 이 경우 흙이 있어야 하는데 인테리어에 신경을 쓴 꽃집에서는 실내가 오염되기 때문에 분갈이가 쉽지 않다. 분식물 및 난 위탁업체는 이러한 틈새를 이용한 것으로,주문한 식물을 모아 심거나 분갈이를 한 후 배달 및 납품까지 해 주고 있다. 이 밖에도 면적이 좁고, 환경이 좋지 않아 다양한 고객의 주문에 대응할 수 없는 꽃집이 있는데, 이 경우 난 전문점이나 관엽식물 전문점에 주문을 하면 상품의 배달과 납품을 대행해 주기도 한다.

위탁 체계의 활용 방향

위탁 체계는 소비자에게서 주문 받은 것에 대해 마진만 남기고 위탁업체에 다시 주문하면 위탁업체에서 배달, 납품까지 다 해 주므로 꽃집의 입장에서는 참 편리한 체계라 할 수 있다. 그러나 위탁업체가 등장한 이후 다음과 같은 몇 가지 부작용도 생기고 있다.

» 꽃집에서 상품을 직접 제작하지 않아도 되므로 실력이 없는 사람도 꽃집을 하는 것이 가능하고 이것은 소비자들이 꽃집을 불신하는 원인으로 작용하고 있다.

» 위탁업체들이 처음에는 꽃집에서 주문을 받다가 일정액의 매출이 오르면 도매에서 소매로 돌아서는 경우가 많다. 이 때 소매 가격을 꽃집에서 파는 가격보다 싸게 책정함으로써 지역 내 꽃집의 경쟁력이 저하되는 경우가 발생한다.

» 꽃집에서 예식장이나 장례식장, 개업식에 배달해 놓은 것들을 위탁업체가 행사가 시작되기도 전에 회수하여 다시 판매하는 등, 상품의 분실과 재사용에 의한 불신, 품질 저하의 원인을 제공하고 있다.

따라서 창업을 할 때는 가능한 한 상품의 제작이나 배달은 본인의 점포에서 제작하여 납품하되, 어쩔 수 없는 상황에 한해 위탁 체계를 활용한다는 원칙을 세워두는 것이 장기적인 측면에서 좋다.

통신배달 체계

꽃의 통신배달은 흔히들 '전국꽃배달'로 인식하고 있는 것으로 시외 권역의 배달 주문을 시내 꽃집으로 보내 근처의 꽃집에서 배달하는 것이다. 통신배달은 현재 전화, 인터넷 등에 의한 주문 비율이 높아짐에 따라 증가하고 있으므로 이를 효율적으로 활용하게 되면 시외나 외국으로 배달을 의뢰하는 고객의 주문에 효율적으로 대응할 수 있어 매출 확대가 가능하다. 동시에 통신배달에 따른 마진 확보와 시외 꽃집과의 관계 개선에 의한 시외에서 시내로의 역 주문량을 증가시킬 수 있는 등 이미지 개선과 경영에도 효율적으로 활용할 수 있다.

꽃의 통신배달 체계

국외나 다른 도시에 있는 분에게 꽃을 보내고 싶다. 이럴 때 이용되는 것이 통신배달 체계이다. 통신배달 체계는 멀리 있는 분에게 꽃을 보낸다고 해서 우편물처럼 꽃을 직접 보내는 것이 아니고 주문 정보를 꽃을 받을 분 주위에 있는 꽃집으로 보내 배달하는 체계이다.

즉, 서울에 계신 분이 지방에 있는 친척의 경조사에 화환을 보낼 일이 있어 근처의 꽃집에 주문을 하면 그 꽃집은 전화, 팩스 및 컴퓨터 등을 이용하여 그 친척이 살고 있는 가장 가까운 꽃집에 통신을

(그림 3-5. 꽃의 통신배달 체계)

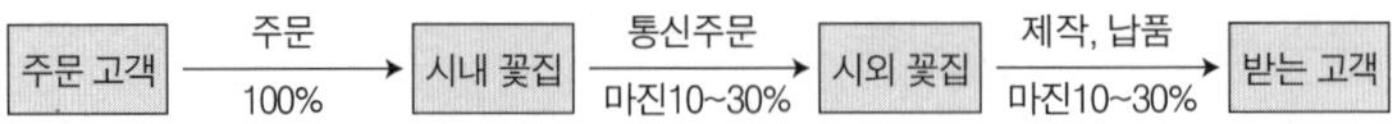

〈표 3-3. 꽃집에서 꽃의 배달지역별 주문액 비율〉

꽃집 구분	시내 주문액 비율(%)	시외 주문액 비율(%)
A꽃집	65.1	34.9
B꽃집	71.7	28.3
C꽃집	78.5	21.5

보낸다. 그러면 지방에 있는 꽃집이 주문자의 친척집에 꽃을 전달하는 체계이다(그림 3-5). 대금은 꽃집끼리 혹은 꽃 배달 회사의 정산 기구를 사용하는 형태로 되어 있는데, 주문자는 마진율을 20% 정도 확보한 다음 발주하는 것이 관례로 되어 있다. 꽃의 통신배달은 표 3-3에서 보는 것처럼 시외주문량이 21%를 상회할 정도로 활성화되어 있다.

배달 구조와 통신배달 유형

꽃의 통신배달은 꽃 배달과 밀접한 관련을 맺으며 발달해 왔고 현재도 여러 가지 유형이 존재하고 있으므로 이에 대한 이해를 바탕으로 효율적으로 활용하는 동시에 변화에 대응해야 할 것이다. 그런 의미에서 꽃을 주문하여 소비자에게 전달되기까지의 유통 경로를 살펴보면 그림 3-6과 같은 유형이 있으며, 각 유형별 특징은 다음과 같다.

(그림 3-6. 꽃 주문에서 소비자에게까지의 꽃 유통 경로)

》① 형

과거의 꽃 배달 형태로 시내로 배달되는 것만 주문을 받았는데, 지금은 거의 모든 꽃집에서 시외까지 배달되는 상품의 주문을 받고 있다.

》② 형

꽃집에서 시외 배달 상품의 일반적인 유통구조이다. 90년대식의 꽃 배달 구조로, 꽃 관련 단체에서 가맹점 회원명부를 만들어 전국의 꽃집에 배포해 놓으면, 꽃집에서 시외 배달 주문이 들어왔을 경우 배달할 곳과 가까운 곳의 꽃집에 배달을 의뢰하던 구조이다.

》③형

2000년대부터 활성화되고 있는 구조로 ②형의 단점을 극복하기 위해서 발달한 것이다. 즉 ②형은 ③형보다 유통구조가 짧긴 하지만 특정 꽃집에서 특정 꽃집으로 보내는 일방적인 방식을 취하다 보니 한 쪽에서는 보내기만 하고 한 쪽에서는 받기만 함으로써 보내기만 하는 곳으로부터 불만을 산다. 또 받는 꽃집에서는 수금에 어려움을 겪기도 한다. ③형은 협회나 단체 본부에서 발주가 많은 곳에는 수주도 많게끔 수발주를 조절하거나 직접 거래에서 오는 결제상의 문제를 개선하여 결제 대행을 함으로써 도매시장과 같은 기능을 하고 있다. 어떻게 보면 유통단계가 한 단계 더 늘어남으로써 유통비용이 증가하는 단점이 있다. 하지만 보통의 경우 수수료를 3%로 하여 유통 비용을 최소화하는 반면, 집산 기능이 있는 경우에는 시외 지역으로 배달되

(표 3-4. 어느 꽃집의 꽃 주문 지역과 배달 지역에 따른 매출액 비율)

주문지 → 배달지	핀매건수(%)	핀매액(%)	고객
시내 → 시내	58.7	53.2	개인, 회사 등
시내 → 시외	22.8	53.7	개인, 회사 등
소계	81.5	81.7	
시외 → 시내	2.2	3.0	개인
	4.3	3.6	꽃집
	12.0	11.7	통신배달 회사
소계	18.5	18.3	
합계	100	100	

는 것이 많은 꽃집에게 시외에서도 수주를 많이 받게 한다. 결과적으로 열심히 영업하는 꽃집의 매출이 증대되는 데 기여하고 있는 것이다. 가령 ②형에 의해 어느 지역의 A꽃집이 B꽃집으로 보내면, B꽃집에서 A꽃집으로 보내지 않는 한 A꽃집의 매출액은 표 3-4에서처럼 시내에서 시외로 주문하는 것은 53.7%로 높은 반면 시외에서 시내로 주문한 것은 18.3%로 차이가 나거나 없게 된다. 하지만 ③형에 의해 본부(본사)로 발주를 하게 되면 본부에서는 다른 지역에서 A꽃집이 있는 지역으로 보내는 것을 모은 다음 A꽃집에서 본부로 10만 원을 발주했다면 그 금액에 해당되는 양을 본부에서 A꽃집으로 발주를 한다. 결과적으로 A꽃집은 시외로 보낼 경우 수수료 외에 시외의 주문을 수주함으로써 매출을 더 증가시킬 수가 있는 것이다. 또 수금 관계도 꽃 배달회사 본사에서 관리하므로 미수금 발생률이 낮아진다.

》④ 형

시내 소비자들이 시외에 있는 고객에게 배달해 줄 것을 의뢰했을 경우 꽃집에서는 시외의 꽃집에 의뢰를 하는 것이 일반적이다. 그런데 시내 꽃집이 마진을 남기지 않고라도 시외 꽃집에 주문을 했을 경우 지역 간의 상품이나 기술 차이에 의해 주문한 고객이 원하는 상품이 아닌 것이 배달될 수가 있다. 이 경우 시내 꽃집에서 직접 시외의 꽃집으로 배달을 하는 것이 바람직하지만 배달 비용이 많이 소요되어 원가가 나오지 않거나 생산성이 떨어지는 경우가 발생한다. 이런 경우 시외로 가는 것을 여러 개 모아서 배달을 하게 되면 품목당 배달비가 적어져 가능한 경우가 있다. 또 시외라도 가까운 곳은 꽃값이 쌀 경우 직접 배달을 가는 것이 마진율이 높다. 즉 시외 꽃집으로 배달 의뢰를 할 경우 20% 정도의 마진밖에 생기지 않지만 직접 배달을 갈 경우에는 상품에 신뢰도를 지키면서도 50%의 마진율이 생긴다. 이런 경우는 ④형이 생산성이 높다. 그렇지만 이것은 최근 일부 지역에서만 대두된 체계로 아직 성공 여부가 불투명하다. 또 온라인 체계에 의해 배달 정보가 쉽게 모일 수 있는데도 이를 활용하지 못하고 방문이나 전화로 배달을 의뢰하고 있는 실정이다.

》⑤ 형

꽃집과 이업종의 제휴가 인터넷 발달로 많이 대두되고 있는 형이다. 혹은 꽃집 없이 사무실만 놓고 꽃 배달 주문을 받는 방식인데, 이 방식은 유통 단계의 증가로 꽃값이 비싼 편이지만 홍보의 활성화, 결제 수단의 편리성 등의 요인에 의해 수발주가 증가하고 있다.

》⑥ 형

주문하는 고객이 꽃을 받을 고객의 근처에 있는 꽃집에 직접 주문을 하는 방식으로, 소비자나 꽃집 입장에서 보면 가장 바람직한 유통구조이다. 그러므로 꽃집을 창업하여 영업을 할 때는 이 구조를 알 수 있도록 홍보하면서 마케팅 전략을 시내나 시외의 소비자가 시내로 배달할 꽃을 주문할 경우 직접 주문하도록 취하는 것이 좋다.

통신배달 주문업체와 활용 방안

꽃의 통신배달이 활성화됨에 따라 꽃집이 아닌 곳에서도 꽃 배달을 주문 받은 다음 꽃집에 통신배달을 의뢰하는 업체들이 증가하고 있다. 이들 업체들은 꽃 배달 주문만 맡고 배달은 통신에 의해 꽃집에 위탁하는 체계를 취하고 있다. 따라서 꽃집을 창업할 때는 이들 업체의 존재와 체계를 파악한 다음 미리 활용 대책을 세워 매출 확대 전략의 하나로 삼는 것이 좋다.

온라인업체

꽃 전문 쇼핑몰 사이트를 개설하여 사이버판매를 할 경우 주문 받은 꽃을 직접 제작하여 배달하지 못하고 꽃집에 위탁을 하는 체계를 취하고 있다. 그 때문에 꽃집에서는 활성화 된 온라인업체 몇 군데 것만 꽃 배달을 대행해도 웬만한 꽃집의 매출량 이상의 판매를 할 수 있다. 최근에는 고객이 주문을 하게 되면 컴퓨터 전산망을 통해 각 지역별로 분류된 후 서울 배송센터와 전국의 각 꽃집을 통해 소비자에게 공급된다. 그런 만큼 이들 온라인업체와의 업무 제휴는 창업 후 짧은 시일 내에 매출을 확대하는 데 도움이 된다.

우체국

우체국에서는 우편물뿐만 아니라 꽃 배달도 주문을 받고 있다. 그렇다고 해서 우체국에서 꽃 상품을 제작하여 판매하는 것은 아니다. 우체국에서 꽃 배달 주문은 우체국 내의 창구나 전화(115)를 통해 받고 있다. 전화로 주문을 받을 경우 꽃 배달 요금은 전화요금에 포함되기 때문에 주문자는 주문할 때 현금이 없어도 주문이 가능하다.

우체국에서 주문을 받는 꽃은 판매가의 20%를 수수료로 제외하고 대행업체에 위탁한다. 대행업체는 우정회에서 선정하여 계약하고 있으며, 대행업체는 다시 전국에 있는 회원사나 체인 가맹점으로 위탁하는 체계를 취하고 있다. 결과적으로 이 통신배달 체계는 유통단계가 많아 유통 비용이 증가하고 소비자들이 그 부담을 지게 되지만 배달처로 선정된 꽃집의 입장에서는 우체국을 통해 대량 주문을 받는다는 특성상 매출량이 상당한 실정이다.

기타

꽃 전문 온라인업체 외에 사무실만 차려 놓고 꽃 배달을 전문으로 수주하여 각 지역의 꽃집에 통신배달을 위탁하는 업체가 있다. 또 우체국이나 온라인업체뿐만 아니라 은행, 카드사, 홈쇼핑업체, 백화점, 대기업 등 다양한 업체들이 꽃의 통신배달 주문을 맡은 후 일정액의 수수료를 확보한 다음 꽃집에 상품 제작과 배달을 위탁하는 체계를 취하고 있다. 인터넷상에서 사이트를 찾아보면 생각보다 많은 업체들이 꽃 배달 업무를 취급하고 있으므로 이를 파악하고 업무 제휴를 하게 되면 매출을 쉽게 증가시킬 수 있다.

통신배달시 일어나기 쉬운 문제점과 대응책

꽃의 통신배달은 꽃을 보내는 사람과 받는 사람 외에도 주문을 받은 꽃집과 그 꽃을 배달하는 꽃집 등 4가지 입장이 존재한다. 때문에 우선 상품 값이나 상품의 질에 대한 책임 문제가 불분명해지는 경우가 있다. 또 배달 지역이 넓은 만큼 지역에 따라 갖추고 있는 꽃의 종류나 가격, 상품 제작 기술이 달라 구매 만족도가 떨어질 수 있다. 가령 꽃을 보내는 사람이 백색 장미로 만든 하트형 꽃다발을 주문하였는데 배달을 하는 쪽의 꽃집에서는 백색의 장미가 없거나 하트형 꽃다발을 만들 수 있는 기술이 없을 수도 있다. 때문에 꽃의 통신배달 체계를 활용하기 위해서는 통신배달 체계의 이해뿐만 아니라 통신배달 상품이 소개된 카탈로그 등의 자료를 수집, 분석해야 한다. 즉 자주 이용되는 상품의 종류와 가격, 제작기술에 대한 정보, 거래 꽃집의 신용도 등을 파악해 그러한 주문에 대응할 수 있는 대응책을 마련해야 한다.

체인점 체계

꽃집을 창업한 직후는 실력이 부족하거나 실력이 있어도 경험부족으로 고객의 주문에 합리적으로 대응할 수 없기 마련이다. 매출액 측면에서도 고정고객을 갖고 있는 기존의 꽃집과는 달리 고객을 개발하면서 상품을 판매해야 하기 때문에 매출을 일정 수준까지 올리려면 어느 정도 시일이 걸린다. 특히 꽃이라는 상품 자체의 특성상 다른 소매 상품에 비해 주문자가 살고 있는 지역 외로 배달되는 통신배달 비율이 높다. 그런 만큼 통신배달을 위탁할 시외 지역의 꽃집을 선정하여 거래를 해야 하는데 사업 초기에는 정보가 많지 않아

거래를 할 수 없거나 비효율적이 되기 쉽다. 체인점은 이러한 문제점을 안고 있는 꽃집들에게 상품이나 경영에 대한 노하우를 제공함으로써 꽃집 운영을 원활하게 한다. 또 각 지역에 있는 체인 꽃집에 대한 정보를 제공함으로써 통신배달의 효율성을 높인다. 요컨대 체인점 체계는 주문량 확보에 의한 매출증대를 꾀하려는 꽃집들에게도 유리한 체계이다.

꽃집 체인점의 종류와 특성

프랜차이즈 체인

프랜차이즈 체인(franchise chain)은 가맹점이 본점에 종적으로 이어지는 체인 형태이다. 따라서 본부(franchiser) 측의 인지도와 판매 노하우를 활용하는 한편, 각종 정보 및 경영지도와 지원을 받을 수 있다는 이점이 있지만 상호 사용권, 간판 사용권 등의 계약으로 상호를 본부 측과 동일한 것을 사용해야 한다. 그로 인해 상호 사용료를 고정적으로 지불하지만(일종의 홍보료를 지속적으로 투자하는 것이나 마찬가지임) 체인점을 그만 두고 자신의 상호로 영업을 할 때는 그 동안 상호에 투자한 것들을 회수 할 수 없다. 그러므로 기존의 꽃집보다는 꽃집을 처음으로 시작하려는 분들이 단기간에 안정적인 매출을 올리고자 할 때 보다 유리한 체인 형태이며, 체인점 가맹에 의해 부족하기 쉬운 인지도, 경영 노하우, 관리 지식 등을 단기간에 보완할 수가 있다(물론 현재 프랜차이즈 체인 중에도 통신배달에만 비중을 두고 있는 곳이 많다).

볼런터리 체인

볼런터리 체인(voluntury chain)은 각각의 상호를 갖는 꽃집이 특정의 로고를 중심으로 연합체를 형성하여 상호 협력 하에 경영하는 횡적 연대의 체인이다. 바꾸어 말하면 소매점 연합체 같은 것인데, 대부분의 볼런터리 체인은 특정의 업체 또는 꽃집이 주체가 되어 가맹점을 접수하고 있다. 이 볼런터리 체인은 가맹점 간에 통일감은 부족하지만 상호를 바꾸지 않아도 되는 장점이 있어 기존의 점포들이 통신배달의 확대에 의한 매출 증대를 꾀하고자 할 때 사용하는 형태이다.

체인점의 현황과 운영체계

꽃집 체인점에는 프랜차이즈 체인과 볼런터리 체인이 있는데, 프랜차이즈 체인은 극히 소수이다. 볼런터리 체인은 30여 개 정도인데 거의 대부분이 꽃 통신배달 업무를 하고 있으며 그 운영체계는 다음과 같다.

체인점 가맹점의 의무와 업무

꽃집 체인점은 본사에서 가맹점을 모집하는 것에서부터 시작된다. 체인 본사에서 가맹점을 모집하면 가맹점들은 연회비를 내고 가맹 계약을 맺게 된다. 체인점에 따라서는 가맹 후 시외 지역의 배달 주문이 들어오면 체인 본사에 주문 정보를 보내고 월말에 정산을 하기도 한다. 또 체인 본사에서 직접 받은 주문이거나 시외의 체인 가맹점에서 받은 주문은 별도의 주어진 정보에 의해 제작 배달해야 한다.

체인점 본사의 가맹점 지원 업무

체인점 본사는 예전의 경우 꽃 배달만을 전문적으로 수주하는 업무나 회원점 명부를 만들어 홍보하는 것 위주로 운영해 왔다. 그러나 최근에는 본사 차원에서 꽃배달 주문을 수주하여 가맹점에 발주하는 업무를 비롯해 업무의 종류가 다양해졌다. 즉 가맹점들이 주문을 받은 시외 배달 상품을 모은 후 해당 지역의 꽃집으로 분산하는 수발주 교류업무, 수발주한 것에 대한 결제기능, 기술지원, 상품보급, 홍보기능, 독점 상품 공급, 마케팅 활동 지원, 화훼자재 공동구매, 배달대행 기능 등이다. 결과적으로 체인점 본사는 정보의 도매시장 기능을 하고 있다.

체인점 가맹 조건과 방법

체인점을 가맹하려면 우선적으로 꽃집 관련 체인점에 대한 책자나 꽃집들의 여론, 해당 체인점의 사이트 방문, 네티즌들의 반응 등을 통해 정보를 수집하고 분석해 본다. 그런 다음 가맹 조건과 방법을 찾는 게 좋다.

가맹 조건은 체인점에 따라 다르다. 즉 꽃꽂이 경력, 꽃집 규모, 꽃 냉장고 유무, 컴퓨터에 의한 리본 글씨 프린트 여부 등과 일정액의 체인 가맹비, 상호사용료 지불을 조건으로 하고 있는데, 실제적으로는 연회비의 지불 여부가 가맹 조건으로 되는 경우가 많다. 체인점 가맹 조건의 하나인 연회비는 체인점과 꽃집이 위치해 있는 지역에 따라 달라 소도시의 경우 30-50만 원, 대도시는 50-100만 원 정도이며, 읍 단위에서는 가맹점 모집 자체가 힘들어 무료로 가입시키는 경우도 있다.

체인점 가맹 방법은 프랜차이즈 체인의 경우 전국적으로 체인점을 갖고 있는 곳은 몇 개 되지 않고, 이미 지역별로 가맹점 모집이 끝났기 때문에 기존의 가맹점들이 탈퇴하지 않는 한 새로운 체인점으로 가맹하기는 어렵다. 그래도 꽃집을 개설하고자 하는 지역에 혹시라도 새로운 체인점을 모집하는지를 확인하는 것이 좋다. 볼런터리 체인점은 해마다 새롭게 모집하기 때문이다. 가맹 시기나 조건에 대한 정보는 체인점 본사에 전화를 하면 상세히 알려 준다.

체인점 가맹시 유의점

체인점 가맹시는 지명도 있는 특정의 체인점을 찾기에 앞서 우선 프랜차이즈 체인과 볼런터리 체인 중 어느 것에 가맹할 것인가를 결정한다. 그리고 나서 가맹하고자 하는 목적(통신배달, 경영 및 기술지도 등)의 달성을 많이 성취시켜 줄 수 있으면서 가맹 조건이 좋은 곳을 선택하는 게 바람직하다.

체인점 가맹시는 우선 영업이 잘되는 직영점의 유무를 살펴보는 것이 좋다. 직영점이 있다는 것은 업계 사정에 밝고 직영점 매출이 발생한다는 의미로, 배달의 필요가 있어서 체인점을 개설하는 경우가 많기 때문이다. 직영점도 없이 벼락치기 식으로 가맹점을 끌어모으는 데 혈안이 된 업체는 고정 고객이나 매출이 없는 상태에서 사무실 임대료, 가맹점 모집 광고비 등의 과다 지출이 많아져 결국 부실 체인점이 되기 쉽다. 또 새로운 상품 개발이나 통신배달 시스템 개발을 주 상품으로 하여 체인점을 모집하는 체인점 가맹도 신중히 생각해야 한다. 이들 업체들은 새로운 품목이나 시스템에 대해서는 잘 알아도 업계의 세부적인 정보와 지식은 적기 때문에 경영에 실패하기 쉽고 실제로도 체인점만 모집해 놓고 없어지거나 제대로 발주를 해주지 못하는 곳이 많았었다.

체인점의 활용

꽃집 체인점의 가장 큰 특징은 통신배달에 중점을 두고 있어서 가맹으로 영업 시장을 광역화할 수 있다는 것이다. 영업 시장의 광역화란 꽃집이 위치해 있는 지역뿐 아니라 전국 각지의 소비자와 꽃집으로부터 주문을 받을 수 있으므로 지역적인 한계를 극복해 매출이 증대되는 것을 말한다. 이 점은 기존의 체인 가맹점들로부터 쉽게 찾아 볼 수 있다. 가령, 어느 지방에 위치해 있는 꽃집의 경우 그 지방에서는 별로 수주를 맡지 못하고 있지만 다른 체인점 본사나 다른 지역의 꽃집에서 발주한 물량을 수주해 늘 바쁜 경우가 있는데, 이것이 영업시장 광역화의 효과이다. 즉, 체인점 가맹으로 인해 체인점 본사를 통해 시외 지역의 주문을 받게 된 점과 자신의 점포에 대한 정보가 전국적으로 더 많이 노출되어 소비자나 다른 지역의 꽃집들로부터 지역 내의 다른 점포보다 더 많은 선택 기회를 갖게 된

〈표 3-5. 방문주문(대면 판매)과 통신주문 비율 및 주문 지역과 배달 지역에 따른 매출액 비율〉

구분	주문형태별 매출액비율(%)					
	방문주문 (대면판매)	통신주문				합계
		시내주문 → 시내배달	시내주문 → 시외배달	시외주문 → 시내배달	시외주문 → 시외배달	
A 꽃집	10.3	41.2	29.3	17.3	1.9	100
B 꽃집	5.2	38.3	19.2	37.1	0.2	100
C 꽃집	24.6	14.2	5.1	7.8	48.3	100
D 꽃집	89.4	8.8	1.3	0.5	0	100

때문이다. 따라서 꽃집을 창업할 때는 전국적인 체인망을 갖추고 있는 꽃 통신배달 체인점에 가맹하고 이를 적극으로 활용함으로써 창업 초기의 매출 향상에 큰 도움을 받을 수 있다.

한편, 체인점 본사에서 가맹점들이 주문받은 시외 지역 배달상품을 모은 후 해당 지역의 꽃집으로 분산하는 수발주 교류업무를 하고 있으므로, 꽃집에서는 시외 지역 배달주문이 많으면 그만큼 시외에서 시내로의 주문을 많이 받을 수 있다. 그러므로 표 3-5의 A꽃집처럼 시내주문→시내배달이 시외주문→시내배달보다 많은 꽃집에서는 통신배달업체에 가맹함으로써 시외주문→시내배달의 매출을 쉽게 증가시킬 수 있다.

상호 정하기

꽃집을 창업하기 위해 점포를 만들면 사업자신고 같은 행정 업무처리는 물론 점포를 다른 점포와 구별하고 홍보하기 위해 상호를 붙이게 된다. 이 때 붙인 상호는 점포가 존속하는 동안 계속해서 사용되는 경우가 많고, 점포의 이미지나 매출에 끼치는 영향도 무시할 수 없는데 대부분의 경영주들이 경영 측면에서의 검토 없이 자신의 취향에 따라 가볍게 생각하고 짓는 경우가 많다. 그런데 일단 한번 붙여 놓은 상호는 쉽게 바꾸기 어렵고 비용도 많이 든다는 점을 인지하여 처음부터 충분한 검토를 한 후 결정하는 것이 좋다.

상호 이미지와 판매량

꽃집의 상호는 단순히 점포를 나타내는 이름 이상의 의미를 지니고 있다. 고객이 방문하여 구매하는 상품의 경우 구매시 점포의 규모, 인테리어, 디스플레이, 상품 구색, 서비스 등 여러 가지 측면을 고려하지만 꽃은 현재까지도 통신구매 비율이 높은 품목이다. 그런데 통신구매 비율이 높음에 따라 단골 점포가 없는 경우에는 여러 꽃집 중 한 번이라도 상호를 들어보았거나 방문했던 곳, 점포이름의 이미지가 좋은 것 등의 요인에 의해 구매 꽃집을 선택하는 비율이 높다. 실제로 대학생 100명을 대상으로 꽃을 구입할 때 상호를 고려하는가 여부, 꽃집 이름과 이미지, 판매량과의 관계에 대한 설문을

(표 3-6. 상호와 꽃집의 선택, 꽃집 이미지와 판매량의 관계에 대한 소비자들의 견해)

질문항	용도				
	매우 그렇다	그렇다	경우에 따라 그렇다	그렇지 않다	매우 그렇지 않다
꽃을 살때 꽃집 상호를 고려하는가?	6	15	31	42	6
꽃집 상호가 꽃 판매량에 영향을 미친다고 생각하는가?	4	34	41	14	7
꽃집 상호가 꽃집이미지에 영향을 미친다고 생각하는가?	11	46	46	10	7

실시한 결과 표 3-6과 같이 꽃집 이름은 꽃의 판매량, 이미지, 꽃집을 선택할 때 영향을 미치는 요인으로 조사되었다.

상호에 적당한 글자 수

상호의 글자 수(음절 수)는 상호에 대한 소비자들의 기억력에 영향을 미치는데, 상호의 글자 수가 너무 많으면 기억하기 어렵고 너무 짧으면 개성이 없어진다. 때문에 상호는 너무 짧지도 길지도 않아야 한다. 그런 의미에서 꽃집 상호에 적당한 글자 수에 대한 설문조사를 한 결과 표 3-7과 같이 5자가 적당하다는 응답이 30%, 4자가 20%, 6자가 15%, 3자가 14%로 3자에서 6자 사이가 79%를 차지하였다. 또 기억하기 쉽다고 생각하는 글자 수에 대해서는 5자가 적당하다는 응답이 28%, 4자가 22%, 3자가 17%, 6자가 적당하다

(표 3-7. 상호의 글자 수에 대한 소비자들의 견해)

질문항	음절수(단위 : %)								
	2	3	4	5	6	7	8	9	10자 이상
가장 적당하다고 생각되는 글자 수는?	7	14	20	30	15	4	3	2	5
가장 기억하기 쉽다고 생각되는 글자 수는?	8	17	22	28	15	4	1	3	2

는 응답은 15%로 3자에서 6자 사이의 비율이 82%를 차지하였으므로 이를 감안하는 게 좋겠다.

〈표 3-8. 꽃집 이름의 접두어에 대한 소비자들의 견해〉

질문항	접두어에 따른 소비자들의 견해(단위:%)						
	지명	인명	형용사	취급 품목명	종교용어	외국어	기타
가장 친근감이 느껴지는 상호는?	2	14	45	15	2	20	2
전문적인 품목을 취급할 것 같은 상호는?	14	17	4	45	1	18	1
종합적인 품목을 취급할 것 같은 상호는?	26	13	14	28	2	15	2
판매가가 비쌀 것 같은 상호는?	5	31	8	9	4	40	3
판매가가 쌀 것 같은 상호는?	31	21	26	11	6	2	3
규모가 적을 것 같은 상호는?	12	52	9	19	4	2	2
규모가 클 것 같은 상호는?	48	8	9	12	4	17	2
세련된 느낌이 드는 상호는?	3	8	29	16	3	38	3
쉽게 기억되는 상호는?	14	25	30	17	4	8	2
이용하고 싶은 상호는?	1	17	42	24	2	12	2
상품에 대한 믿음이 가는 상호는?	11	44	10	23	5	4	3

상호의 접두어

상호는 접두어와 접미어 유형에 따라서도 이미지가 달라지고 인지도에 차이가 생긴다. 표 3-8은 접두어를 유형별로 구분한 후 대학생 100명에게 설문한 결과이다. 대학생들은 친근감, 전문 품목 취급, 쉽게 기억되는 꽃집, 이용하고 싶은 꽃집은 접두어에 형용사를 사용할 때가, 상품에 대한 믿음 측면에서는 사람 이름을 사용할 때가, 세련된 느낌이 드는 꽃집은 외국어 이름을 사용할 때가 좋다는 응답을 했다.

상호의 접미어

꽃집 상호에서 접미어는 ○○꽃집, ○○꽃방, ○○화원 등의 형태로 나타나는데, 종류가 많은 만큼 이미지도 다양하므로 상호를 지을 때 적절히 고려하는 것이 좋다. 표 3-9는 꽃집 상호 접미어에 대한 조사 결과로 대학생들은 친근감, 쉽게 기억되는 상호, 상품에 대한 믿음 측면에서는 꽃집이, 종합적인 품목의 취급 측면에서는 꽃백화점이, 규모 측면에서는 꽃 도매 센터가, 세련된 이미지를 내고자 할 때는 플라워샵을 사용할 때가 좋다는 응답이 나왔다.

(표 3-9. 꽃집 이름의 접미어에 대한 소비자들의 견해)

질문항	접미어에 따른 소비자들의 견해(단위:%)										
	원예	꽃집	화원	꽃방	농원	식물원	꽃 백화점	플라워샵	화훼 유통	화훼 센터	꽃 도매 센터
가장 친근감이 느껴지는 상호는?	1	32	19	18	1	3	6	18	1	0	1
전문적인 품목을 취급할 것 같은 상호는?	8	6	12	7	5	20	2	12	11	12	5
종합적인 품목을 취급할 것 같은 상호는?	1	8	9	1	8	8	22	6	7	13	17
판매가가 비쌀 것 같은 상호는?	4	16	8	2	6	5	13	42	2	2	0
판매가가 쌀 것 같은 상호는?	3	19	7	9	9	6	4	2	0	0	41
규모가 적을 것 같은 상호는?	3	38	8	39	4	0	2	1	2	2	1
규모가 클 것 같은 상호는?	2	3	5	1	6	9	9	4	20	12	29
세련된 느낌이 드는 상호는?	1	6	13	8	5	3	5	58	2	2	0
쉽게 기억되는 상호는?	1	43	8	17	1	3	6	17	1	2	1
이용하고 싶은 상호는?	2	18	13	22	2	6	5	23	2	1	6
상품에 대한 믿음이 가는 상호는?	3	14	8	7	7	8	7	10	1	7	8

상호를 지을 때 유의점

최근 들어 이름 잘 지으면 반은 성공이라 해서 특색 있는 이름으로 눈길을 끄는 점포들이 늘고 있다. 조그만 점포 하나 차리는데도 이름을 중요하게 생각하는 추세가 점점 확산되고 있는 것이다. 실제로 상호나 이름을 잘 붙이면 소비자들의 호기심을 자극하는데다 기억에 오래 남아 좋은 반응을 얻는다. 그런 점에서 상호는 홍보 전략에서 가장 중요한 요소로 상호에 따라서 점포의 이미지나 광고효과 및 고객이 느끼는 감정이 다르게 된다. 그러므로 상호를 지을 때는 주 고객층의 의식에 맞고 점포의 유형 및 성격을 반영할 수 있으면서도 친근감과 신뢰감을 줄 수 있어야 한다. 또 통신 및 배달주문이 이 많은 점을 고려하여 무엇인가 색다르고 호감이 가며 기억에도 오래 남을 수 있는 상호를 짓는 것이 좋다.

상호의 홍보와 이미지 관리

꽃집 상호의 인지도와 좋은 이미지는 신용과 연결된다. 소비자들이 상호를 안다는 것은 곧 상호를 신뢰한다는 뜻이고, 신뢰는 곧 매출로 연결된다. 소비자들은 꼼꼼하게 따져 본 후 상품을 구입하는 만큼 대개 고정 거래처가 있을 것이라고 생각하기 쉽다. 그러나 의외로 단순한 경우도 많다. 단지 상호가 친숙하다는 이유만으로 전화를 걸어 꽃을 구매하는 소비자들도 많은 것이다. 실제로 꽃을 구입하는 소비자들에게 많은 꽃집 중 왜 이 꽃집에서 꽃을 구입하는가라고 물어보면 많은 사람들이 상호가 친숙해서 혹은 정보지에서 보았기 때문이라고 대답했다. 그러므로 상호를 지은 다음에는 적극적으로 홍보하고 이미지 관리를 하여 고객들의 무의식 속에 자리 잡도록 해야 한다. 사람들의 구매 결정은 무의식적으로 이루어지는 경우가 많기 때문에 익숙한 상호의 업체에서 꽃을 사는 것은 전혀 이상한 일이 아니다. 누구든지 같은 품목이라면 한 번이라도 이름을 들어본 회사의 제품에 손이 가기 마련인 것이다.

상호의 보호

꽃집 상호를 고심 끝에 좋게 지어 놓으면 다른 점포에서 사용할 수가 있다. 또 창업 후 열심히 노력한 끝에 점포가 잘되고 상호의 인지도가 높아졌을 때 다른 사람들이 동일한 상호를 쓸 수도 있다. 결과적으로 그 사람은 별다른 노력 없이도 상호의 인지도 덕분에 매출 확대를 꾀할 수도 있다. 만약에 그러한 꽃집이 등장하면 정신적인 피해는 물론 꽃집의 이미지나 매출에도 영향을 받게 되므로 사전에 특허청에 상표나 서비스표 등록을 하여 법적 보호 장치를 마련해 두는 것도 좋다.

위치 선정

꽃집에서 상품(Product), 가격(Price), 판매 촉진(Promotion), 장소(Place)는 마케팅의 기본이다. 이 중 장소는 꽃 소비 환경에 관한 것으로 소비량이 많은 곳에 위치하면 그만큼 판매가 쉽고, 소비량이 적은 곳에 위치해 있으면 그만큼 판매가 적게 된다. 소비 품목의 다소나 선호 환경도 장소에 따라 다르기 때문에 방문 고객 위주로 영업을 하는 꽃집에서는 위치가 절대적인 영향을 미친다. 그러나 꽃은 통신주문과 배달 비율이 높다는 상품적 특성에 따라 판매 방식이나 마케팅 전략이 좋으면 소비 환경이 좋지 않은 곳에서도 성공적으로 경영을 할 수 있다.

그러므로 꽃집의 위치에 따른 소비 환경과 함께 꽃집의 유형과 위치에 대한 관계에 대해서도 이해해야 한다.

꽃집 위치와 소비 환경

지방 및 소도시

지방은 도시보다 땅을 쉽게 구입할 수 있어 토지 측면에서는 여유가 있다. 비닐하우스 형태나 가건물이 가능한 곳이 많기 때문이다. 그러나 지방에서 점포를 내는 경우 제일 큰 문제는 도시에 비해 소비자가 적고 위치보다 지연, 학연, 혈연이 꽃 구매에 많은 영향을 미친다는 점이다.

중 · 대도시

도시는 단위 면적당 인구 수가 지방에 비해 많아 꽃 소비량도 많은 편이지만 위치에 따라 꽃집의 매출이나 품목별 판매량에 극명한 차이가 난다. 특히 유동인구가 많은 시내중심지역에서는 불과 몇 m를 사이에 두고도 매출량에 큰 차이가 나므로 위치 분석과 결정은 신중을 기해야 한다. 시외곽지대는 걸어서 움직이는 인구는 적지만 차량의 이동이 많고, 주차가 편리하므로 광고만 효율적으로 하면 인지도를 높일 수 있고, 고객을 유인할 수도 있다. 또 도시에 위치한 꽃집은 소비자의 의식이 높은 만큼 꽃에 대한 지식과 이용 기술이 좋을수록 인정받을 수 있다.

꽃집 유형과 입지

판매품목과 입지

판매품목과 입지는 밀접한 관련이 있다. 꽃도 서울에 있는 꽃집에서 잘 팔리는 종류와 지방에 있는 꽃집에서 잘 팔리는 종류에 차이가 있다. 똑같은 꽃바구니나 화환이라도 서울과 지방에서 선호하는 모양이 틀리기 때문이다. 또 같은 지역에서도 꽃집의 위치에 따라 잘 팔리는 품목에 차이가 있다. 가령, 산부인과 앞에 위치한 꽃집은 꽃바구니나 과일꽃바구니의 판매비율이 가장 높고, 장례식장 앞의 꽃집은 장례용 꽃 판매 비율이 가장 높다. 또 유동인구가 많은 시내번화가에서도 상가가 많은 곳에서는 꽃다발 판매비율이, 사무실이 많은 곳에서는 난이나 관엽식물, 꽃바구니 등의 통신배달 비율이 높다. 그러므로 판매하고자 하는 주 품목을 먼저 설정했다면 그에 따른 입지를 선정하고, 입지를 먼저 선정했다면 그 입지와 궁합이 맞는 품목을 개발하여야 한다.

꽃집 규모와 입지

꽃집 규모는 입지의 영향을 많이 받는다. 일반적으로 상권이 좋은 곳에 개업하면 땅값이나 임차료가 비싸 소규모로밖에 할 수 없지만, 지방이나 시외곽지대는 땅값이나 임차료가 싸서 상대적으로 넓은 규모의 꽃집을 할 수 있다.

판매방식과 입지

꽃을 판매하는 방식은 여러 가지가 있으나 편의상 점포를 개업하여 매장에서 판매하는 방식, 통신상으로 판매하는 방식, 온라인상에서 판매하는 방식으로 나눌 수 있다.

》 매장판매

꽃을 매장에서 판매할 때는 지방이나 도시 및 취급품목에 따라 다소 차이가 있기는 하지만 어느 경우이든 입지의 영향을 크게 받는다. 따라서 매장판매 비중이 높을수록 입지는 중요하다. 매장판매를 하면서 통신판매 비율을 높이면 표 3-10에서처럼 입지의 영향력을 줄일 수 있다. 그러므로 매장을 두고 판매할 때는 고객층, 품목 등,

(표 3-10. 광주 북구에 위치한 어느 꽃집의 주 거래처 지역(구)별 분포 비율)

지역	업체수	비율(%)
광산구	37	19.0
북구	101	51.8
서구	30	15.4
남구	9	4.6
동구	18	9.2
합계	195	100

통신판매 비율 등과 함께 수익성 측면을 고려하여 입지를 분석하고 활용하는 것이 좋다.

》 통신판매 및 온라인판매

통신판매나 사이버판매에서는 고객이 꽃집을 직접 방문하지 않아도 되기 때문에 꽃집(꽃집, 사무실이나 등)은 입지의 영향을 비교적 적게 받는 편이다. 그러나 통신주문을 하는 고객 입장에서는 통신주문이나 온라인상에서 구매를 하더라도 꽃 주문을 받는 업체가 직접 꽃집을 운영하고 있는지, 어떤 상품을 갖추고 있는지 알고 싶어 하는 경우가 많다. 또 어느 곳에 위치해 있는가를 알고 싶어 하며 만약 자신이 거주하고 있는 지역이나 꽃을 받을 사람이 거주하고 있는 지역 외의 업체에 대해서는 거부감과 함께 신뢰도가 약해지는 게 현실이다. 요컨대 통신판매 및 온라인판매에 비중을 두고 있는 전문점도 입지 영향을 받을 수 있는데, 일반적으로는 서울에 위치해 있으면 신뢰를 얻을 수 있다.

》 고객층과 입지

꽃을 구매하는 고객들은 입지에 따라 층이 다르다. 가령, 대학로 앞에는 대학생 고객이 많으며, 사무실이 밀접한 곳에는 회사원 고객이 많다. 또 아파트나 주택밀집 지역에는 주부 고객이 많으며, 유동인구가 많은 시내 번화가의 거리에는 젊은층의 고객이 많다. 이들 고객들은 각 층에 따라 구매 목적이나 구매 품목에 차이가 있다. 요컨대 입지에 따라 고객층이 다르고 고객층에 따라 주 구매품목이 다르므로 겨냥하는 고객층에 따라 입지를 달리해야 한다.

입지 탐색과 분석

꽃집을 개업하기 위한 입지 탐색에는 예산, 판매 품목, 판매 방식, 주 고객층을 정해 놓고 그에 맞는 입지를 탐색하는 방법과 입지를 개략적으로 정해 놓고 그 지역 내에서 보다 좋은 입지를 탐색하는 경우가 있는데, 어느 경우이든 다른 점포와의 경합성, 잠재성, 장래성으로 나눠서 분석한 후 결정하는 게 좋다.

입지의 특성 측면

입지의 일반적 특성 측면에서는 점포의 위치, 교통 상태, 지역 특성(학교와의 거리, 사무실과의 거리 등), 경합이 예상되는 꽃집, 대형점의 유무를 조사한다. 특히 경합이 예상되는 꽃집은 표 3-11과 같이 구체적으로 조사하면 그곳의 꽃 수요나 꽃집으로서의 발전가능성, 그리고 다른 꽃집과의 경쟁력 등을 파악할 수 있으므로 가능한 한 자세히 조사하고 분석하는 게 좋다.

〈표 3-11. 경쟁이 예상되는 꽃집의 경쟁력 평가표 예〉

NO	평가항목	A점포	B점포	C점포
1	연매출 규모	3천만 원	10억 원	5천만 원
2	매장 면적	4평	35평	7평
3	주력 판매방식	대면직판	회사 거래	통신판매
4	주차 능력	없음	3대	2대
5	교통의 편리성	좋음	좋음	불편
6	고객 서비스	좋음	좋음	좋음
7	노후도	오래되지 않음	조금 오래됨	보통
8	입지	좋음	조금 좋음	나쁜 편임
9	평판	좋음	보통	보통
10	고정 고객의 수	그다지 많지 않음	매우 많음	보통
11	디자인 능력	좋음	보통	조금 낮음
12	경영 능력	보통임	우수함	우수함
13	성장성	보통	보통	좋음
	종합평가			

상업권 측면

꽃집을 개업하고 하는 지역의 상업권 내외 인구와 세대 수(약 2km이내와 그 외로 나눈다), 세대의 구성, 연령별 인구, 주택 상황(개인주택, 아파트, 맨션), 고층건물의 밀집도 등을 조사하고 분석한다.

환경 측면

주력 구매 고객층과 그 가격대, 상점가 환경과 주위 환경, 시간별 동향을 분석한다.

위치 선정시 유의점

꽃집의 위치는 소비 환경뿐만 아니라 임차료, 장래성 등 다양한 요인을 검토 후 선정하는 것이 좋다. 다음은 위치 선정 시 유의점이다.

〉〉 매출이 많은 위치라고 해서 수익성도 높은 곳은 아니다

보통 매출량이 많은 입지 조건으로는 번화가로서 통행량이 많은 곳, 인구밀도가 높은 곳, 상가 지역 등을 들고 있는데, 이것이 꽃집에도 그대로 적용된다고 볼 수는 없다. 꽃집은 평당 수익률이 그렇게 높은 업종이 아니어서 이런 곳에서 점포를 개업하면 매출량이 많더라도 임대료 부담률이 높아 수익성은 낮아질 수 있다.

〉〉 지방에서는 위치의 중요성이 도시보다 떨어진다

지방에서는 꽃집의 위치를 탐색할 때 도시계획에 대해 알아본 후 위치를 선정하되 관공서나 새로 생긴 거리, 학교 주변이 우선적으로 좋다. 그렇지만 도시만큼 위치가 매출에 영향을 미치지 않으므로 점포 탐색에 시간을 보내기보다는 상품을 어떻게 판매할 것인가에 비중을 두는 게 좋다.

》 창업 초기에는 부도심 지역에서 노하우를 쌓는다

창업 초기에는 경험이 부족하므로 도심지 유망상권에 과도한 투자를 해서 경쟁하기보다 부도심에서 창업하며 노하우를 익히면서 도심 진출을 꾀하고 초기 투자자본을 줄이면서 안정적인 매출을 올리는 것이 좋다.

》 꽃집으로 실패한 장소에 창업하는 것을 피한다

어떤 장사이든 잘되는 장소와 안 되는 장소가 있다. 장사가 잘되고 안 되는 이유는 경영주의 능력에 의해 좌우되기도 하지만 장소의 영향도 크므로 다른 사람이 꽃집으로 실패한 곳은 실패 요인을 정확히 분석한 후 특별한 노하우로 헤쳐 나갈 수 있다면 모르지만 그렇지 않다면 창업하지 않는다.

》 점포 계약 전에 시간을 두고 꼼꼼히 체크한다

점포 계약 전, 적어도 하루에 4회 이상 대상 지역을 조사하고 15일 이상 점검 후 결정한다. 각 지역마다 영업이 되는 중심 시간이 다르다. 특히 각 요일마다 매출의 기복이 심하므로 많은 자료가 있을수록 정확히 판단, 결정할 수 있다. 특히 같은 지역에 있는 꽃집을 면밀히 분석한다.

점포 구입과 인테리어

꽃집을 하기 위해 점포를 빌리거나 지을 때는 생산성을 고려해야 한다. 점포가 마음에 든다고 해서 임대료, 매출 가능성, 판매 방식 등을 위치별 특성과 연계해 분석하지 않는다면 자칫 수익성이 낮고 인테리어 비용만 손실을 입게 되는 경우도 발생한다. 그러므로 위치별 특성의 이해와 예산을 감안한 다음 꽃집의 업무 특성에 맞는 건물을 구입하거나 짓는 게 좋다.

점포는 판매장소로서 효율적인 공간이 되도록 하는 것과 동시에 많은 사람의 통행이 있는 홍보장소이기도 하므로 들어가고 싶은 마음이 들도록 연출하되 꽃집의 위치나 매출액, 자본 등을 고려해야 한다.

점포의 탐색과 구입

꽃집의 업무와 주변 환경에 대한 이해와 함께 수업이나 연수로 자신감이 생기면 본격적으로 개업 준비를 하게 되는데 그 첫걸음이 점포 탐색이다. 점포 탐색은 점포의 위치별 특성 파악을 기초로 한 다음 기존의 건물을 구입하거나 빌려 이용하는 방법, 대지를 구입하거나 빌려 짓는 방법, 건물과 건물 사이의 틈새나 노점처럼 간이(簡

易) 공간을 활용하는 방법이 있다.

기존의 건물을 이용하는 경우

절화상품은 그 자체는 부피가 작지만 꽃다발, 꽃바구니, 화환 등으로 이용될 경우 그에 따른 포장지, 바구니, 화환 받침대 등의 관련 자재를 갖추어 두어야 한다. 또 화환 같이 부피가 큰 상품을 제작할 때는 별도의 공간이 필요하다. 관엽식물이나 화목류는 진열해 두고 판매하는데, 이들 식물 중에는 키가 큰 것들이 많다.

이러한 점들을 고려한다면 천장이 높은 건물이 좋다. 천장이 높게 되면 자재들을 효율적으로 관리할 수 있으며 식물의 진열이나 관리에도 좋기 때문이다. 또한 건물 주변에 빈 공간이 있으면 상품을 진열하여 활용할 수 있고 화환받침대 등의 자재들을 보관하기도 편하다.

건물을 짓는 경우

꽃집 전용 건물, 비닐하우스나 가건물을 짓는 경우는 ① 일반 건물보다 높게 할 것 ② 광이 충분히 들어오되 여름에는 차광 관리가 가능하게 할 것 ③ 여름에 바람이 충분히 통하게 할 것 ④ 겨울에 외풍을 막고 난방 효율이 높도록 할 것 ⑤ 물은 충분히 공급되고 배수가 잘되게 할 것 등을 우선적으로 고려해야 한다.

한편, 꽃집 전용 건물은 일반적으로 비닐하우스형이나 조립식 판넬을 이용해 짓는데, 비닐하우스형은 바닥 처리와 외관이 문제된 경우가 많았고, 조립식 판넬형은 높이가 낮고 광량이 부족하다는 지적이 많았다. 따라서 비닐하우스형 매장은 바닥을 콘크리트로 만든 다음 바닥처리용 페인트를 칠하거나 자갈을 깔고, 외관은 간판을 이용하거나 세시를 이용해 개선할 필요가 있다. 판넬형 매장은 높게 짓고 지붕에 빛이 들어 올 수 있는 썬라이트를 함으로써 외관도 예쁘고 비닐하우스형처럼 광 관리도 쉽게 할 수 있다.

간이 공간의 활용

대도시의 중심 상가, 대학가 앞 등은 매장 임차료는 비싼 반면 생화 위주로 판매되기 때문에 매장이 넓을 경우 생산성이 떨어지기 쉽다. 그렇다고 1-3평 규모의 매장을 구하기도 힘들다. 이런 경우는 거리를 탐색해 보면 건물과 건물 사이, 건물 옆의 유휴 공간 등을 발견할 수 있는데, 이를 활용해 박스형 매장을 만들 수도 있다.

실내 공간의 연출

꽃집의 실내 공간은 상품이 진열되고 생육하는 공간, 작업 공간,

접객 공간 등 다양한 기능을 갖고 있으므로 이를 고려하여 연출하는 것이 좋다.

동선

동선을 계획할 때는 ① 상품을 어디에, 어느 정도, 어떻게 디스플레이를 할까? ② 손님이 보기 좋고 사기 쉬운 동선은 어떻게 만들까? ③ 직원이 움직이기 쉽게 하려면 어떻게 할 것인가? ④ 점포 안에 필요 없는 공간, 혹은 죽은 공간은 없는가? ⑤ 손님에게 심리적인 안정을 주는 공간은 만들어져 있는가? 등을 고려하는 것이 좋다.

꽃집에서의 동선은 공간 분할이라고도 할 수 있는데, 일반적으로 고객 동선, 직원 동선, 상품 동선으로 구분할 수 있다. 고객 동선은 소비자가 점포에서 상품이나 직원과 접촉하는 동선으로 매출에 큰 영향을 미치므로 가능한 길게 하되, 직선과 조합하여 점포 안의 상품을 충분히 볼 수 있도록 한다. 직원 동선은 접객 동선, 작업 동선, 생활 동선으로 나뉘는데, 생활 동선은 안쪽으로 하는 것이 좋고, 접객 동선과 작업 동선은 앞쪽으로 하는 것이 좋다. 작업하는 모습이나 접객 현장을 보여 주면 출입문 근처에서 망설이는 손님들을 유인하기 좋고, 점포가 활기차 보이기 때문이다. 그러나 통신배달 비중이 높고, 차분하게 접객해야 하는 고객층이 많을 때는 안쪽에다 접객 공간을 마련해서 접객이나 상담에 방해가 되지 않도록 한다. 상품 동선은 상품을 들이고 내는 데 필요한 동선이다.

전기시설과 조명

꽃집 인테리어 요소에서 가장 중요한 것 중 하나가 조명 계획이다. 조명은 식물의 생육 측면과 상품의 외관 측면에서 중요한데, 대부분의 꽃집에서는 형광등 몇 개를 천장에 설치하고 끝내 버리는 경우가 많다. 그 때문에 꽃과 아름다운 식물들이 점포에 진열되는 순간 생기를 잃는 경우가 많고, 고객이 상품을 선택할 때나 작업 시에도 꽃 색깔이나 포장지 색깔을 제대로 구별하지 못하는 경우가 있다. 이는 밝은 조명으로 시선을 끌고 있는 미용실과 크게 비교되는 점들이다. 그러므로 보통보다 2배 정도 많은 조명기구를 사용하여 매장 전체를 밝게 한다. 또 형광등만 하지 말고 몇 개의 형태를 두어 전부 또는 일부만 켤 수 있게 함으로써 매출 가능 시간에 조명효과를 낼 수 있도록 염두에 둔다. 또 부분적으로 스포트라이트를 비추거나 입구나 통로, 진열장 등에 포인트 조명을 사용하는 등 간접 조명을 능숙히 사용하면 효과적이다.

한편, 기존의 점포들은 전반적으로 상품을 진열해 놓은 곳의 조명이 약한데, 창이나 진열창에 형광등을 세로로 달아 켜 두기만 해도 창가가 밝아 보이며, 밖에서 볼 때 꽃이 화려해 보이기까지 한다.

수도와 배수 시설

꽃집에서는 생각보다 많은 물을 필요로 한다. 청결한 운영, 생화 관리, 분식물의 관리 등 많은 사용처가 있기 때문이다. 수도꼭지는 물을 주기 위한 것과 생화작업용, 생활공간용으로 구분시키는 게 좋고 배수구 또한 충분히 확보해 두어야 한다.

천장과 벽

벽은 상품 견본 사진을 붙이거나 벽걸이 식물 등을 걸 수 있도록 한다. 좁은 면적인 경우에는 천장에 포장재, 기타 재료를 올려놓을 수 있도록 해놓으면 좋다. 또 작업대 위쪽에 철망 같은 것을 설치해 리본이나 바구니 등을 걸어두면 작업할 때 편하게 쓸 수 있을 뿐만 아니라 공간도 효율적으로 활용할 수 있다.

바닥

비닐하우스 형태나 조립식 건물의 경우는 바닥 처리도 직접 해야 되는데, 자갈 등을 깔아도 좋지만 가능하면 청결 차원에서 콘크리트로 한 다음 바닥용 페인트나 에폭시 페인트를 칠하면 좋다.

입구

밝게 하여 들어가고 싶은 이미지가 들도록 한다.

집기, 레이아웃

》 카운터

카운터는 손님과 만나는 곳도 되므로 동선에 무리가 없도록 하고 전화, 팩스, 포장, 리본 등과의 조합을 생각하는 것이 좋다. 단, 비품류, 자재류가 카운터를 포함한 코너에 잡다하게 올려져 있으면 애써 만든 분위기가 헛될 수 있음을 염두에 두어야 한다.

》 작업대

어디까지나 작업을 하기 쉽도록 하는 것이 중요하지만 손님으로부터 보이는 면도 생각해야 한다. 소재는 물에 강하고 상처를 쉽게 입지 않는 것이 좋다. 내장 관계라면 작업대야말로 점내의 중심이다. 그런 만큼 작업대는 신중히 선택한다. 높이는 90~120㎝로 이동 가능한 타입이 좋다. 작업의 효율성을 높이려면 계산대, 포장용품이 같이 있도록 하는 것이 좋다(그림 3-7).

그림 3-7. 꽃 포장 등의 작업에 필요한 용품과 쓰레기 함까지 갖춘 작업대

》 생화 냉장고

각 메이커마다 차이는 있지만 가능하면 칼라를 점포의 이미지에 맞추는 것이 좋다. 손님의 동선과 가까운 곳에는 곡선의 유리를 이용하는 것도 좋다. 또 고가인 만큼 충분한 사전 검토가 필요하다.

》 기타

접객테이블과 의자, 조화상품, 와인, 꽃 상자, 꽃병, 화분 진열장 등 꽃과 함께 판매하거나 보조 상품을 진열할 수 있는 진열장 대책이 있어야 한다.

매장 외부 공간의 연출

건물

건물 자체의 모양이나 벽면을 식물이나 조화 등을 이용해 개성 있게 연출하면 고객들에게 꽃집으로서 인식을 강하고도 쉽게 심어줄 수 있다. 참고로 건물은 그 자체뿐만 아니라 건축물, 간판, 텐트, 집의 정면, 입구, 쇼윈도 등 전체의 이미지를 중요하게 생각했으면 한다.

점포의 앞쪽

점포 앞쪽은 그 자체를 간판이라 생각하고 꾸미는 게 좋다. 최근 많은 업종의 점포에서 점포 앞의 이미지, 간판 이미지 등을 좋게 하려는 움직임이 활발하게 진행되고 있다. 꽃집 역시 손님들이 호감을 가지고 점포를 한눈에 이해할 수 있도록 꾸미는 것이 좋다.

간판

간판은 점포의 얼굴이나 마찬가지이므로 점포에서 판매하는 상품의 특성과 점포를 최대한 반영하여 고객에게 어필할 수 있도록 제작하는 것이 좋다. 특히 꽃집으로서의 이미지를 심어주면서 개성 있게 연출할 수 있는 디자인으로 한다. 간판의 종류에는 네온사인, 파나플렉스, 고무스카시, 아크릴, 알루미늄&고무 간판 등이 있다. 이 중 네온사인은 화려하고 눈에 잘 띄어 위치와 그 꽃집의 이미지를 알리기에는 좋지만 고장이 잦은 것이 단점이다. 파나플렉스는 투광이 좋고 깔끔한 이미지로 간판 중에서도 광고 효과가 제일 큰 장점이 있다. 알루미늄&고무 간판은 앞면이 알루미늄, 뒷면이 고무로 단가가 낮고, 한 번 설치하면 영구적이다. 아크릴 간판은 단가는 낮으나 탈색이 잘되어 좋지 않은 편이다.

텐트

재질, 칼라에 충분히 주의하고 오염이 잘 안 되는 것을 사용하는 것이 좋다. 녹이 슬기 쉬운 부분은 보이지 않도록 제작한다. 텐트의 일부분은 부분적으로 바꿀 수 있도록 디자인하여 정기적으로 이미지를 바꾸는 것도 좋다.

점포를 연출할 때 유의점

꽃집을 견학하고 상담한 뒤에 연출한다

꽃집을 창업할 때는 나름대로 여러 가지 생각을 하고 나서, 그 생각대로 연출하는 경우가 많은데, 그렇게 하면 시행착오를 겪기 쉽다. 시행착오를 줄이기 위해서는 꽃집의 규모나 취급상품 등이 유사하면서도 연출이 잘된 꽃집을 방문하여 참조하고 동시에 경영주로부터 장단점 등을 상담한 뒤에 장점을 살리는 쪽으로 연출한다.

》 개조할 것을 감안한다

점포 개업 후 1년 정도 지나면 개업 전에는 생각하지도 못했던 문제점들이 많이 발생한다. 그러므로 처음부터 점포 연출에 많은 비용은 들이는 것보다는 개업 후 얼마 후에 개조할 것을 감안하여 하는 것이 좋다.

》 지방에서는 지방의 문화에 맞게 연출한다

지방에서는 도시에 있는 것과 같이 점포를 고급스럽게 만들면 생산성 측면에서 맞지 않다. 지방은 지방 나름대로의 소비문화가 있으므로 점포도 그에 맞게 연출하는 게 좋다.

》 창업 초기에는 매장 규모의 크기를 너무 크게 하지 않는다

초기 인테리어에 많은 비용을 들인다고 해서 매출이 많은 것은 아니다. 그러므로 경험도 없는 경영주들이 체면이나 남의 눈을 의식해서 매장 규모를 지나치게 크게 하는 것은 위험천만한 일이다. 처음에는 적게 투자하고, 노하우를 익힌 후 크게 키워 운영하는 것이 좋다.

시설물과 도구

꽃집에서는 업무에 따라 다양한 시설과 기구 및 사무기기가 필요하다. 시설물과 기구의 종류는 꽃집의 유형에 따라 그 필요도가 다르고 가격도 다양하다. 또 소모품이 아니기 때문에 한 번 갖춰 놓게 되면 상당 기간 사용할 수 있고 바꾸기도 쉽지 않다. 그러므로 처음부터 꼭 필요한지 여부를 판단하고, 필요하다면 어떤 종류가 좋은지를 파악한 다음 구입하는 게 좋다.

❁❁❁

시설물과 차량

꽃 냉장고

꽃집에서 취급하는 상품 중 절화의 신선도는 온도에 의해 크게 좌우된다. 예컨대 장미의 경우, 여름철 고온에서 하루 만에 꽃이 피어버려 쓸모없게 되므로 절화를 취급하는 꽃집이라면 꽃 냉장고가 필수적으로 있어야 한다.

꽃 냉장고는 꽃의 신선도 측면에서는 꽃 냉장고 전문업체에 제작의뢰하는 것이 좋으나 상대적으로 비싸며, 제작업체 수도 적으면서 서울에 집중해 있다. 따라서 지방의 경우 원활한 애프터서비스를 받지 못할 수도 있다. 한편, 일반 냉장고 제작업체에 의뢰하면 가격이 다소 낮고, 지방에서도 쉽게 주문 제작이 가능하나 꽃의 신선도 유지 측면에서는 꽃 전용 냉장고에 비해 다소 효율이 떨어지는 단점이 있으므로 이를 감안하여 업체를 선택하고 제작하는 것이 좋다.

냉 · 온방 장치

여름의 고온은 절화나 분화 식물의 꽃 수명을 짧게 하고, 겨울의 저온은 식물의 생육에 장애를 일으킨다. 그러므로 냉 · 온방 장치를 해야 하는데, 여름에는 에어컨을 설치하기보다 환기와 차광으로 온도를 낮추는 것이 좋다. 에어컨이 식물의 상품성을 떨어뜨리는 요인으로 작용하는 경우가 많기 때문이다. 겨울에는 열풍기, 연탄난로, 석유난로 등 다양한 방법으로 난방을 할 수 있는데, 현재는 연탄난로나 석유난로, 열풍기가 많이 사용되고 있다. 연탄난로는 석유난로에 비해 연료비가 적게 드는 이점은 있지만 연탄을 갈아야 하는 점과 연탄재 처리에 별도의 노력이 든다. 열풍기는 편리하긴 하지만 열풍이 관엽식물에 직접 닿을 경우 식물이 건조되거나 생육에 나쁜 영향을 미치기도 한다.

배달용 차량

꽃집 상품을 배달하기 위한 차량은 1톤 트럭이 좋다. 봉고차도 괜찮긴 하지만 큰 관엽식물의 구매나 배달까지 생각한다면 1톤 트럭을 구입해서 화물칸에 천막을 치는 것이 좋다. 천막은 지방에서도 제작할 수 있지만 서울의 관엽식물 도매시장 근처에서 하는 것이 튼튼하고 보기도 좋다. 차량에 천막을 설치할 때는 가능한 한 자동차관리법에 의해 형식승인을 받는 게 좋다.

차량은 홍보 측면에서 움직이는 광고물이므로 앞, 옆면 그리고 천막에 꽃집을 알릴 수 있는 상호나 문구를 눈에 띄게 표시해 주는 게 좋다.

한편, 차량은 갖춰 놓으면 여러 가지로 편리하지만 초기구입비가 만만치 않고 최근에는 배달대행 체계도 잘 되어 있으므로 소규모 꽃집에서는 위탁 배달을 고려해 보는 것도 좋다.

그림 3-8. 벽면에 부착하여 사용할 수 있게 한 포장지 걸이와 리본 보관대

포장지와 리본 걸이대

포장지와 리본을 걸 수 있도록 만든 것이 꽃 자재 판매점에서 판매되고 있으므로 구입하여 이용하면 된다. 꽃집에서 따라서는 둘 곳이나 활용이 불편하므로 그림 3-8과 같이 벽에 부착하여 사용할 수 있게 제작하여 사용하도록 한다.

진열대

조립식 철제나 유리, 목재 등 실내의 분위기에 맞춰 하는 것이 좋다. 재질은 꽃집의 경우 물을 많이 이용한다는 점에서 습기에 강한 것이 좋다. 진열대의 연출은 위탁해도 좋지만 관엽식물 대품 같은 것은 전선주를 감았던 나무 롤을 구입해서 이용해도 좋다.

도구

물통

물통은 생화를 꽂아 두어야 하기 때문에 꽃집의 필수 도구이다. 꽃집에서 많이 이용하는 물통에는 플라스틱, 고무 재질 및 철제 재질이 있는데 플라스틱 재질이 미관상 좋고 꽃 전용 제품도 있지만 쉽게 손상되는 단점이 있다. 철제 재질은 미관상 좋고 튼튼하지만 무겁고 가격이 비싼 단점이 있다. 고무 물통은 아름답지는 않지만 가볍고 튼튼해 쉽게 쓸 수 있는 이점이 있다. 따라서 꽃을 진열하면서 물통에 담아 두고자 할 때는 플라스틱 물통이 좋고, 꽃을 저장한다는 개념에서 물통에 꽂아둘 목적으로 구입한다면 고무 물통을 구입하는 게 좋다. 물통에는 절화를 꽂아 두는 것 외에 오아시스를 담가 둘 물통도 필요하므로 다양하게 갖춰 놓는 게 편리하다.

가위

꽃집에서 많이 쓰이는 가위는 원 가위와 고사리손 가위가 있는데 원 가위는 남성들이 고사리손 가위는 여성들이 사용하기 편리하다. 하지만 사람에 따라 기호가 다르고 어떤 작업을 하느냐에 따라서도 다르므로 고사리손 가위와 원 가위를 동시에 갖춰 놓는 게 좋다.

포장지, 리본

포장지는 꽃다발, 꽃바구니, 화분 포장 등 다양한 상품에 이용되는데 여러 가지 재질이 있고 용도에 따라 각기 다른 재료를 사용하므로 다양하게 구비를 해 두어야 한다.

분무기

꽃바구니 등의 상품을 제작한 후 신선도를 유지해주기 위해 분무하거나 관엽식물에 병충해 예방을 목적으로 농약을 살포할 때 등 필수적으로 필요한 기구이다. 분무기에는 다양한 종류가 있는데, 철물점, 꽃 자재 판매점 등에서 쉽게 구입할 수 있다.

가시 제거기

장미가시 제거기가 있는데 꽃다발을 전문적으로 판매하거나 많은 절화를 취급하는 곳에서는 장미가시 제거기를 구입하여 이용하는 것이 좋으나 규모가 작은 곳에서는 수작업용 기구를 이용하면 된다.

기타

꽃집에서 사용되는 기구에는 리퍼, 펜치 등의 공구, 본드총, 음악을 연출할 수 있는 기기 등 다양하므로 기존의 꽃집에 문의하면 우선적으로 필요한 기구를 파악할 수 있다.

사무기기

전화와 팩시밀리

꽃집뿐만 아니라 어느 업종에서든 필수품인 전화는 반드시 필요하다. 특히 전화는 가능하다면 수신자 부담 회선까지 갖춰 놓으면 고객서비스 측면에서 좋다.

팩시밀리는 통신배달을 할 때 주문서와 인수증의 수 · 발신에 반드시 필요하므로 갖춰 놓는 게 좋다. 꽃집에 따라서는 회선 하나로 전화와 팩시밀리를 같이 쓰고 있는데, 바쁠 때는 전화도 팩시밀리도 제대로 사용할 수 없으므로 별도의 번호를 갖춰 놓고 사용하는 것이 좋다.

컴퓨터 및 프린터기

꽃집에서 컴퓨터는 거의 필수품화 되고 있다. 리본 글씨의 출력, 고객관리 등에 필요할 뿐만 아니라 온라인 수발주, 체인점 간의 수

발주, 수주 상품의 이미지 검색 및 인수나 수주 확인에도 필요하므로 갖춰 놓는 게 좋다.

카드 체크기

꽃을 구매하는 고객 중에도 신용카드로 구매하는 비율이 점차 높아지고 있으므로 카드체크기는 필수적으로 갖춰 놓아야 한다. 카드 체크기가 없으면 신용카드를 이용해 구매하려는 고객을 놓칠 수 있을뿐더러 미수금 비율도 높아질 수 있다. 카드 체크기에는 사무실용과 휴대용이 있는데, 꽃집의 상황에 따라 선택하거나 두 종류 다 갖춰 놓는 게 좋다.

책상 등 사무용품

수발주, 매출일계표 작성, 수금관리 기록, 고객카드 작성과 활용 등 꽃집에는 생각보다 많은 사무가 있으므로 책상 등 사무용품이 필요하다.

기타

서류함, 금고, 책꽂이 등 사무관련 기기와 용품도 갖추어 놓아야 한다.

개점 준비와 개업

점포를 구입하여 내·외관을 연출한 뒤에 상품을 진열해 놓으면 꽃집으로서 어느 정도 모양새를 갖춘다. 꽃집으로서 모양새가 갖추어지고 운영하는데 필요한 것들이 구비되면 개점을 하고 장사를 시작한다. 그런데 이 시기에는 몇 번씩 점검을 해도 실수가 나올 수 있으므로 더욱 꼼꼼히 챙겨서 시작부터 유연한 운영이 되도록 노력한다.

개점 준비

시간을 갖고 충분히 준비를 하더라도 막상 개점을 앞두면 어딘가 모르게 바빠진다. 그러므로 보다 확실한 계획과 체크리스트를 작성하여 일일이 점검하면서 하는 게 좋다. 다음은 개점을 앞둔 시기에 따라 일반적으로 체크해야 할 부분이다.

개업 1주 전

* 사업자등록 관계
* 내장 관계(작업대, 계산대, 진열대, 벽편, 간판, 쇼케이스)
* 시설물 시운전(꽃 냉장고, 온풍기, 난로, 에어컨, 음향기기, 환

기장치 등)

* 각종 도구와 기구(물통, 가시 제거기, 소화기 등)
* 인쇄물(안내장, 꽃 책받침, 전단지, 포장지, 전표, 명함, 주문서, 인수증 등)
* 사무기기(컴퓨터, 책상, 전화기, 팩스)
* 전기 관계(스포트라이트, 간판, 옥외 콘세트, 전원스위치 확인, 전화, 팩스 콘세트)
* 수도 관계(배수구, 싱크대 위치 등)
* 홍보 관계(개업현수막, 전단지 광고 등)
* 기타(은행계좌, 통신배달 가맹수속, 인감, 고무인)

개점 3일 전의 체크 리스트

* 상품 점검(분식물의 상태, 견본상품, 쇼케이스 상태 등)
* 점내 레이아웃(입구, 벽면, 포장, 포장지, 작업대)
* 받침대(절화, 분식물, 꽃꽂이, 꽃다발)
* 고객 응접용 비품(비품, 인원, 인쇄물, 방명록, 사인펜 등)
* 거스름돈(화폐 단위별)
* 청결상태(유리창, 케이블, 천정, 바닥, 기타 부착물, 비누, 화장지, 타올 등)
* 직원교육(서비스, 영업운영 관리, 사고관리 등)
* 주차대책(차량안내, 주차관리 등의 협조)

* 개업 날 사용할 판촉물
* 준비완료 확인(개업일 업무개업 축하)
* 기타(아르바이트, 일기예보, 안내장)

개업 안내

개업하기 전에는 목표로 삼은 고객들에게 이러이러한 꽃집을 개업한다는 안내장을 보내 꽃집에 관심을 갖게 만든다. 점포에는 개업 날짜와 함께 개업을 알리는 현수막을 걸거나 진열장에 개업 날짜를 크게 적어 고객의 관심을 끌도록 한다.

개업 행사

개업일이란 점포가 문을 연 날을 의미하는데, 꽃집 경영주에게는 이날이 상당한 의미를 지닌다. 동시에 단골이 없는 상태이기 때문에 목표 고객들에게 개업을 알리는 중요한 날이기도 하다.

개업 시 행사 가운데 친척이나 친구, 예전의 직장 동료들과 여는 개업 축하 회식은 가급적 간단히 치르고, 행사 비용으로 책정된 돈은 목표로 하는 고객들에게 집중적으로 투자하는 것이 좋다.

일정 기간 동안 점포를 홍보할 수 있는 홍보물을 주는 것도 한 방법이다. 홍보물로는 꽃 책받침, 마우스패드, 카탈로그 등의 기본적인 것 외에 허브 화분 같은 소품이나 작은 조화, 점포의 상호와 전화번호, 홈페이지를 안내한 스티커를 붙인 선인장 화분 등이 쓰인다.

4

꽃집 경영하기

이미지 통합과 관리

최근에는 꽃집에도 간판에서 배달 차량, 직원들의 복장, 비즈니스 양식에 이르기까지 동일한 색깔이나 로고를 새겨서 이미지를 나타내는 사례가 증가하고 있다. 이것은 기업의 CI전략과 같은 선상에서 이해할 수 있다. CI는 Corporate Identity로, Corporate는 단체의, 공동의, 법인 등의 뜻이 있으며 Identity는 동일성, 일치, 주체성, 자기 존재 증명 등의 뜻으로, 간단히 말하면 개성이라는 것이다. 따라서 꽃집의 이미지 통합을 굳이 이름 붙이자면, SI(Store Identity)전략이 된다. SI는 꽃집의 이미지를 통합하여 다른 꽃집과 차별화 시키고 좋은 이미지를 가꾸는 일이므로 전략적인 검토와 활용이 반드시 필요하다.

이미지 통합 분야

이미지 통합 분야는 그림 4-1과 같이 크게 마음, 표현, 행동의 통일로 구분할 수 있는데 마음의 통일(MI, Mind Identity)은 꽃집에서는 꽃집의 경영 이념과 철학을 나타내는 것이다. 표현의 통일(VI, Visual Identity)은 사업 이념을 로고, 심볼 마크, 색 등 시각적으로 나타내는 것이다. 행동의 통일(BI, Behavior Identity)은 직원들의 행동 양식을 나타내는 것으로 친절함, 예의바름 여부 등이 포함된다.

(그림 4-1. 꽃집의 이미지 통합 체계)

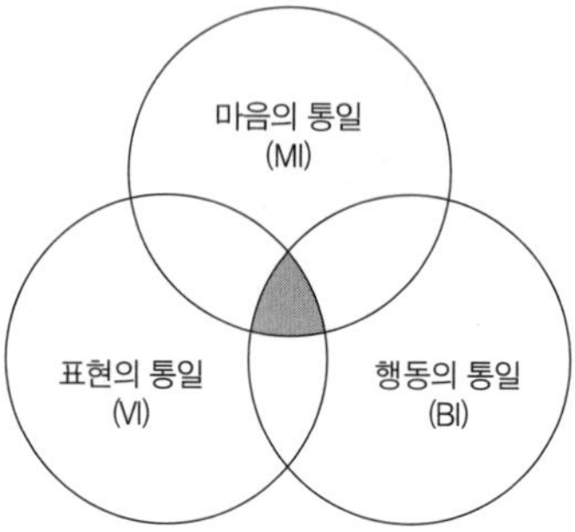

로고의 통일 방법과 활용

꽃집은 마크나 로고가 없는 곳이 많고, 있더라도 충분한 검토 없이 결정한 것이 많은데 로고에는 가능한 한 점포의 컨셉을 반영하는 것이 좋다.

일반적으로는 다음과 같은 사항을 고려한다.

* 점포의 사업 이념을 반영한 것

* 장래의 시대 변화를 고려할 것
* 다른 점포와 유사하지 않고, 개성이 강조된 것
* 경영자나 직원이 납득 가능한 것
* 친근감이 있으면서도 새로운 이미지가 있는 것

이렇게 하여 결정된 것은 점포의 간판, 차량, 포장지, 홍보 전단, 복장 외에 명함, 봉투, 접수증, 고객 카드, 인수증 등 각종 비즈니스 양식 등에 활용한다.

행동의 통일 방법

경영주나 직원의 행동 통일은 점포 경영에 큰 도움이 된다. 그 점포의 직원들은 한결같이 예의바르다 아니면 버릇이 없다 등에 대한 고객의 평가는 점포의 발전과도 밀접한 관련이 있으므로 친절, 예의바름 등에 대한 행동에 통일이 있어야 한다.

비즈니스 양식

꽃집에서는 주문접수증, 인수증, 청구서, 납품내역서 등 다양한 비즈니스 양식을 쓰고 있다. 이들 서식은 접수 업무나 배달 업무, 수금 등 꽃집 업무를 효율적으로 진행하는데 필요할 뿐만 아니라 꽃집을 홍보하는 수단이 되며, 점포의 신뢰도를 높이는 데도 크게 기여하므로 종류별로 갖춰 놓고 활용하는 게 좋다.

명함

명함은 돈이 좀 들더라도 버리기에는 아까울 정도로 깜찍하게 디자인하는 게 좋다. 크기는 일반 명함 크기보다 약간 작은 게 좋다. 접는 방식이나 크기가 큰 것은 수첩이나 지갑의 명함 꽂이에 들어가지 않아 버려지는 경우가 많기 때문이다. 명함 내용은 일반적인 명함처럼 이름이나 주소 연락처, 홈페이지, 이메일 등을 나타냄과 동시에 꽃집의 이미지를 살릴 수 있는 문구나 로고가 있으면 좋다. 또 통신주문에 대응하기 위해 뒷면에 꽃 주문시 대금을 결제 할 수 있는 계좌번호를 기재해 놓는 게 좋다.

주문접수증

주문접수증은 어떤 형태로든지 있어야 업무를 진행하는 데 효율적이다. 주문접수증의 형식은 꽃집에 따라 다르게 할 수 있으나 그림 4-2와 같이 고객 정보, 주문 내역, 배달 일시, 배달처, 리본 글씨나 메시지 내용, 수발주 관계, 고객의 요구사항, 참조사항 등을 기록할 수 있는 형식을 갖추는 게 좋다.

주문서

주문서는 2가지로 구분할 수 있다. 하나는 꽃집에서 일반적으로 사용하는 것으로 시외 지역 통신배달 주문에 사용하는 것이다. 다른 하나는 고정거래처에 비치해 두고 그 거래처에서 주문시 비치된 양식을 작성하여 팩스로 주문하게 하는 양식이다.

주문서 내용은 꽃집에서 꽃집으로 주문을 할 경우 그림 4-3과 같이 보내는 꽃집의 주소나 전화번호를 인쇄한 한 후 주문 품목, 수량, 가격, 리본이나 메시지 내용, 추가 사항만 기재하고 받는 사람, 배달 시간과 장소는 인수증에 표시할 수 있도록 한다. 그러나 거래처에서 꽃집으로 주문을 할 때 쓰는 주문서는 주문 거래처의 상호 및 연락처와 함께 주문 담당자, 주문 품목이나 가격, 리본, 메시지 내용, 배달 받는 사람의 이름과 주소, 배달 일시, 참고사항, 결제방법까지도 쓸 수 있게 만들어야 한다.

인수증

고객이 주문한 상품을 배달할 때 납품을 증명하기 위한 서식이다. 꽃집에서 일반 고객으로부터 주문 받은 꽃을 직접 배달하는 경우는 주문에서 배달까지를 직접 처리하기 때문에 납품 여부에 따른 문제의 발생 소지가 적다. 그런데 통신배달 주문은 상품의 제작과 배달을 다른 꽃집에 의뢰하는 경우가 많다. 또 배달위탁업체에 배달을 대행할 때도 수주자가 직접 배치 현장에 가지 않기 때문에 배치 문제라든가 주최측에 인도 등에 대한 믿음이 다소 약하다.

이에 대한 대책으로 배달자에게 납품 확인서를 받아오게 하는데 이것이 인수증이다. 인수증은 보통 그림 4-3과 같은 모델이 일반적인데, 본인이 운반하는 경우라도 인수증은 받아 두는 게 차후 있을지도 모를 발주자와 수주자 간의 마찰을 피할 수 있다. 또 회사를 상대로 거래할 경우 인수증을 대금 청구서와 함께 첨부해야 결제가 되는 경우도 있으므로 받아 두는 게 좋다.

봉투

봉투는 일반 편지봉투와 대봉투 2가지에 상호를 인쇄해 준비해 놓는 게 좋다. 일반 편지봉투는 수금시 영수증을 넣는데 많이 사용되고 대봉투는 홍보물을 주거나 보낼 때 많이 사용된다.

기타

고객 카드, 견적서 등 꽃집의 경영 방침과 업무에 따라 다양하다.

홍보 및 판촉물 제작

꽃집을 예쁘게 꾸며 놓고 좋은 상품을 갖추어 진열해 두어도 홍보를 소홀히 하면 많은 고객의 방문이나 구매를 기대하기 어렵다. 꽃집의 홍보 방법에는 여러 가지가 있으나 꽃집 경영에 대한 경험이 없는 창업 초기에는 우선 꽃집에서 많이 이용하는 판촉물 위주로 한 다음 점차 경영 전략에 따라 매스미디어 등 다양한 채널을 이용하는

(그림 14-2. 주문접수증의 양식 예)

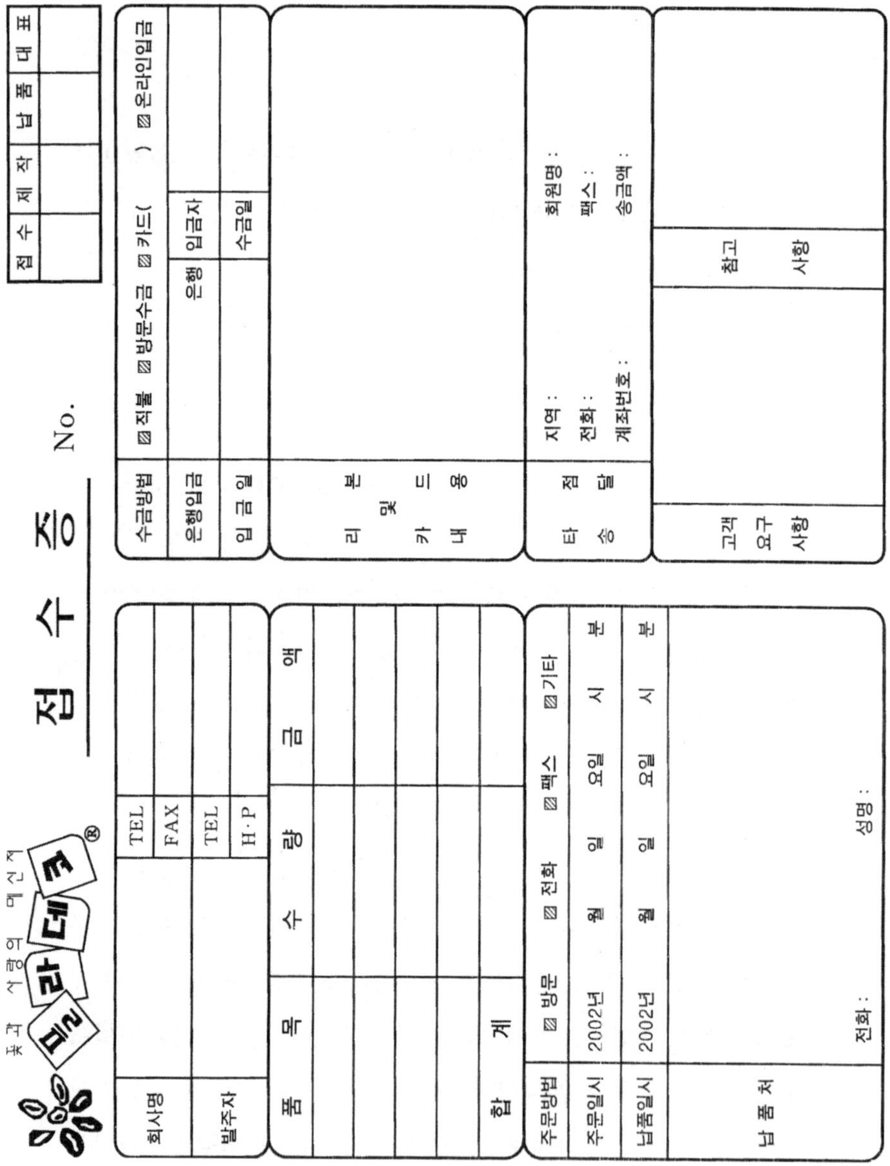

꽃과 사랑의 메신저 미라데코®

접 수 증 No.

접수	제작	납품	대표

회사명		TEL	
		FAX	
발주자		TEL	
		H·P	

품목	수량	금액
합계		

주문방법	▨ 방문 ▨ 전화 ▨ 팩스 ▨ 기타
주문일시	2002년 월 일 요일 시 분
납품일시	2002년 월 일 요일 시 분
납품처	전화 : 성명 :

수금방법	▨ 직불 ▨ 방문수금 ▨ 카드( ) ▨ 온라인입금		
은행입금	은행	입금자	
입금일		수금일	
리본 및 카드 내용			
타점 송달	지역 : 전화 : 계좌번호 :	회원명 : 팩스 : 송금액 :	
고객 요구 사항		참고 사항	

(그림 14-3. 주문서의 양식 예)

주 문 의 뢰 서

년 월 일 전송담당 /

발 주 처	플라데코® 광주점 광주광역시 북구 용봉동 1357-4 ㊦500-846 TEL : (062) 513-5353, 513-2423, 513-5354, 080-384-1004 FAX : (062) 513-0723		
품 명		금 액	
송 금 인		입금계좌	
리본/카드 메시지내용			
참 고 사 항			

절 취 선

인 수 증

품 명			
배 달 일 시			
배 달 장 소	전화번호 /		
인수하신분		받는분과의 관 계	
배달완료일시			

플라데코®

꽃배달 · 꽃장식 전문업체
플 라 워 샵 체 인 점

좋은상품, 좋은기술, 좋은글씨, 빠른배달, 저렴한 가격 등 모든면에서 만족시켜 드리고자 최선을 다하겠습니다.

광 주 점
주 소 : 광주광역시 북구 용봉동 1357-4 ㊦500-846
TEL : (062) 513-5353, 513-2423, 513-5354, 080-384-1004
FAX : (062) 513-0723
온라인계좌번호 : 농협 605-01-340632 국민은행 : 551-01-0825-667

www.fladeco.co.kr (꽃에 관한 모든 것을 한눈에 볼 수 있습니다)

것이 바람직하다. 그러므로 창업 시에는 꽃집에서 우선적으로 필요한 판촉물의 종류와 특징을 이해한 다음 이를 효율적으로 활용하는 게 좋다.

꽃 책받침

상품 사진을 인쇄한 후 코팅 처리를 하여 책받침처럼 만든 것이다(그림 4-4). 이것은 일반적으로 사용하기에 편리하므로 필수적으로 갖춰놓는 게 좋다. 방문 고객에게 하나씩 줌으로써 홍보 효과와 함께 차 등에 넣어두고 주문할 수 있도록 유도하는 데 편리하다.

꽃을 배달할 때는 상품과 함께 건네주어도 좋다. 또 새로운 고객을 개척할 때나 통신 주문을 많이 하는 거래처에 배포해 두면 통신 주문을 할 때 접객 자료로 활용할 수 있는 매체가 된다. 꽃 책받침은 16절 책받침과 국16절 책받침이 많이 사용되는데 16절 책받침은 많은 사진이 들어가므로 꽃집을 방문한 고객이나 유동고객에게 부담이 없는 홍보물이다.

또 유동고객을 단골고객으로 유치하는 데도 좋다. 국16절 책받침은 영수증 및 세금계산서, 인수증 등을 사용할 때 많이 이용되는 책받침이다. 크기가 작기 때문에 차량 등에 비치하거나 우편물함에 넣기 편리하다. 책받침의 주문은 직접 제작하는 것보다 꽃 책받침 전문

그림 4-4. 꽃집 홍보물로 많이 이용되는 꽃 책받침

제작업체에 의뢰를 하는 것이 좋은데 1장에 200~300원 정도 한다. 꽃 책받침 내용은 판매하고자 하는 상품 사진과 꽃집의 상호, 연락처 외에 계좌번호 등을 꼭 써 놓아 통신주문 시 효율적으로 활용하도록 한다.

스티커

스티커는 적은 비용으로도 폭넓게 활용할 수 있는 판촉물이다. 명함과 동일한 크기로 제작할 수 있는 이미지스티커와 미니스티커 등 다양한 곳에 부착함으로써 오랫동안 볼 수 있는 장점이 있다. DM 발송을 할 대봉투에 붙이기 좋고, 꽃 포장을 할 때 포장지에 붙이거나 카탈로그, 판촉물에 부착해 활용 가치를 높일 수도 있다. 또 책상이나 탁자 위, 전화기 주변 등에 붙여 꽃 배달이 필요할 때 명함이 어디 있는지 찾지 않고도 쉽게 이용할 수가 있다. 투명하게 만든 스티커는 상품의 포장지뿐 아니라 건물의 화장실 등 많은 사람들이 이용하는 곳에 붙여 활용할 수도 있다.

달력

달력의 크기와 모양은 다양하지만, 벽걸이용과 테이블용이 많이 이용된다. 제작 비용이 다른 판촉물에 비해 다소 비싼 편이지만 1년 동안 장기 보존이 가능하므로 제대로만 제작하면 제작비 이상의 효과를 기대할 수 있다.

달력 내용은 꽃 상품 등 꽃과 관련된 것이 좋은데, 이것 역시 직접 제작하기보다 꽃집용 달력으로 제작되는 것 중에서 선택해 상호와 전화번호 등을 인쇄해서 사용하는 것이 저렴하다. 달력의 배포는 꽃을 가장 많이 쓰고 자주 구입하는 고객에게 사은품으로 증정하면 좋다. 또 구매 가능성이 큰 회사나 단체의 사무실, 이용객이 많은 점포에 배포하는 것도 효율적이다.

그림 4-5. 꽃집 홍보용 카탈로그

카탈로그

꽃 책받침과 함께 꽃집에서 많이 이용되는 판촉물이다. 크기와 종류가 다양한데, 큰 것은 단체나 회사 고객에게 상품 구매 안내용으로 주기에 좋고, 작은 것은 꽃집 입구에 두어 방문 구매 고객들이 가져갈 수 있도록 하는 데 좋다(그림 4-5). 카탈로그 내용은 다른 꽃집의 카탈로그를 수집하여 세밀하게 분석한 다음 꽃집의 상황에 맞게 꾸미는 게 좋다. 특히 꽃집을 방문해 보지 않았거나 카탈로그를 통해 처음 접하는 고객은 그것을 통해 꽃집의 이미지나 상품을 생각하므로 고객의 관심을 끌어내고 그 관심을 상품 구매로 연결시킬 수 있도록 꾸며야 한다. 이때 카탈로그의 상품 사진은 꽃집에서 판매하는 상품과 크게 차이가 나지 않아야 한다.

카탈로그도 경제적인 면을 고려해 직접 제작하는 것보다 여러 꽃집에서 다량 제작한 다음 각자의 상호를 인쇄하거나 꽃집만을 대상으로 카탈로그를 만드는 전문 제작업체의 카탈로그에 상호를 인쇄하는 것이 좋다.

마우스패드

마우스패드는 사무실 밀집 지역에 위치한 꽃집에서 이용하기 좋은 홍보물이다. 사무실에는 최소한 2-3대 이상의 컴퓨터를 가지고 있으므로 고급스럽고 예쁘게 만든 마우스패드를 제공하면 꽃집 홍보에 크게 도움이 된다. 특히 홈페이지가 잘 만들어진 꽃집에서는 마우스패드를 통해 온라인 구매를 유도할 수도 있다.

텍(Tag)

텍(Tag)은 패션 제품을 포함한 여러 제품에서 사용되는 것으로 품질보증텍을 부착함으로써 해당 브랜드의 이미지를 높여 주는 경우가 많다. 꽃집에서도 텍을 만들어 꽃바구니, 꽃다발 등의 상품에 부착하면 상품에 대한 품질 보증은 물론 홍보 효과를 낼 수 있다. 텍의 내용은 앞면의 경우 꽃집의 고유 디자인이나 로고를 인쇄하고, 뒷면에는 해당 꽃집의 상호, 전화, 팩스번호 등을 인쇄하는 것이 좋다.

메시지카드

꽃바구니나 꽃다발 등의 상품에서 리본 대신 사용되는 것으로 꽃집에서 반드시 갖추어 두어야 할 자재이기 때문에 꽃 자재점에서 판매하고 있다. 그러나 꽃집 자체적으로 로고나 상호, 전화번호 등을 인쇄하여 개성 있게 제작하면 꽃집 홍보에 도움이 되고 신뢰감도 더 높일 수 있다.

기타

위에 열거한 것 말고도 고무판, 명함케이스, 인형, 티슈, 방향제, 자, 메모지, 주차안내증, 전화카드 등 많은 종류의 판촉물이 있으므로 꽃집의 주변 환경과 고객성향, 경영 방침에 따라 효율적으로 활용하는 것이 좋다.

직원의 채용과 관리

꽃집을 소규모로 창업하여 경영주 혼자 혹은 부부가 운영할 경우 직원의 채용과 관리는 신경 쓰지 않아도 된다. 그러나 창업 초기 기술이 없는 상태에서 개업하거나, 창업 이후 일손이 부족할 때, 창업 초기부터 규모 있게 시작할 때 등 상황에 따라서는 직원을 채용해야 하는 경우가 있다. 직원을 채용하게 되면 생산성뿐만 아니라 직원과의 인간적인 문제 등 여러 가지 새로운 문제에 직면하게 되고 그것은 꽃집의 운영 방향에까지 영향을 미치므로 신중히 생각하고 결정해야 한다.

직원의 채용 여부

창업 초기, 꽃집의 주변 환경이나 운영체계에 익숙하지 않아 디자인이나 배달 등 조그마한 문제에 부딪치거나 일이 약간만 증가해도 직원 채용부터 생각하는 분들이 있는데, 채용은 신중히 생각하지 않으면 안 된다. 직원을 채용하게 되면 매월 고정적인 보수 외에 부대비용이 소요되는데 비해 창업 초기에는 고정 고객도 적고 매출도 정상 궤도에 오르지 않은 상태이기 때문에 자금의 압박을 받기 쉽기 때문이다. 그러므로 창업 초기에는 모든 일을 경영주 자신이 직접 처리하고 일손이 딸린다면 시간제 직원을 채용하거나 위탁 체계를 활용하는 것이 좋다. 현재 일부 시골 지방을 제외한 대부분의 지역에서는 꽃만을 전문으로 배달해 주는 배달 체계는 물론 화환 등의 상품을 대신 제작하여 배달까지 해 주는 위탁 체계가 잘 되어 있으므로 이를 적절히 활용하는 것도 좋다.

구인과 채용

직원을 채용하기로 결심했다면 모집 방법에는 여러 가지가 있다. 인터넷 구인란, 홈페이지, 생활정보지 등 다양하지만 보다 확실한 방법은 업계 내에서 소개받는 것이다. 업계라고 하면 꽃 시장이나 도매업체들, 꽃꽂이 학원이 대표적인데 이들은 많은 정보를 갖고 있다. 특히 꽃집 창업반을 운영하고 있는 학원이나 꽃꽂이 선생에게 부탁하면 디자인이나 인간적인 측면에서도 신뢰할 수 있는 직원을 채용할 수 있다.

직원의 관리

직원 관리는 경영주나 직원 간에 서로가 인간적인 신뢰를 형성하는 데서 시작해야 한다. 꽃집은 대체로 보수가 적은 편이지만, 장래 꽃집이나 관련 분야에서 독립을 꿈꾸는 사람들은 기꺼이 근무를 희망한다. 따라서 인간적인 관계를 유지하면서 장차 독립에 도움이 되는 기술 지도나 업계 현황, 판촉 활동이나 경영 방법에 대해 토의하며 서로의 발전을 모색하는 게 좋다. 그러면 직원도 남의 일이 아니라 자신의 일과 같이 성심성의껏 일할 것이다.

5

꽃집 성공 노하우

꽃집 경영에서 발생하기 쉬운 문제점과 대응책

꽃집을 개업하여 순조롭게 운영이 되면 좋지만 반드시 잘되는 것만은 아니다. 창업 전에 생각했던 만큼의 수익성이 오르지 않는 것은 물론 상품의 구매 · 관리, 인간관계 등 다양한 문제가 발생할 수 있다. 또 이를 해결하지 못하면 정상 궤도에 오르기 어려울 뿐만 아니라 더 이상의 발전도 어렵게 된다. 그런 점에서 지금부터는 꽃집 개업 후 발생하기 쉬운 문제와 대응책을 분석하여 성공 경영의 초석을 다지기로 한다.

운영 자금의 부족

개업 후 2-3개월이 지나면 자금난에 부딪히기 쉽다. 개업하여 상품이 팔리면 판매액의 일부는 다시 상품을 들이는 데 쓰고 나머지는 이윤이 되기 때문에 일단 개업할 때까지만 자금을 투자하는 경우가 많다. 그런데 개업을 해도 인건비, 공과금 및 잡비 등 여러 가지 비용이 들어가기 마련이고, 판매량은 그를 따르지 못하는 경우가 많아 이윤이 생각보다 적게 발생하기 쉽다. 또 판매가 순조롭게 증가하더라도 꽃집의 특성상 외상 거래에 의한 미수금이 많아지는데 비해 상품 구매 비용은 계속 들어가므로 자금난에 부딪히기 쉽다.

그러므로 개업 전에 자금운용 계획을 세울 때는 개업 이후 1-3개월까지의 상황을 생각해서 넉넉하게 준비하는 게 좋다. 또 개업 후 상품을 판매할 때는 가능한 현금 판매율을 높이고, 외상거래도 수금까지의 기간을 최소화하여 자금의 회전이 원활하도록 해야 한다.

매출액의 증감

꽃집을 개업한 직후에는 매출이 생각보다 순조롭게 증가하다가 1-2개월 후부터 급격히 감소하는 경우가 있다. 반대로 매출량이 거의 없다가 1-2개월부터 증가하는 등 꽃집의 매출량은 다소(多少)와 증감(增減)의 변화가 빈번한 특성이 있다.

꽃집에서 이렇게 매출의 변화가 심한 것은 꽃이 잘 팔리는 시기와 잘 팔리지 않는 시기가 존재한다는 점이 하나의 원인이다. 그러므로 개업 시기 혹은 매출이 증감되는 시기가 꽃이 잘 팔리는 시기와 어떤 연관이 있는지 살펴본다. 그리고 나서 관련이 없다면 상품, 가격, 접객 부분에 대한 검토가 필요하다.

한편, 처음부터 매출량이 거의 없다면 심각하다. 고객이 있어야 평가를 받을 수 있고 그것을 바탕으로 새로운 고객을 개발한다든지 부족한 부분을 보완하여 발전할 수 있는데 그러한 기회조차도 없기 때문이다. 그러므로 일단 고객을 개발하는 데 집중해야 한다. 고객 개발은 목표 고객이 명확하지 않은 개인 고객보다는 회사나, 꽃 배달 수주 전문업체, 꽃 배달회사 등 거래하는 순간부터 어느 정도의 주문량이 있는 곳을 우선적으로 개발하여 매출을 증가시켜야 한다.

상품의 구매와 구성

꽃집에서 상품의 구매는 생각보다 많은 경험을 필요로 한다. 우선은 좋고 나쁜 것을 구별하는 지식이 그렇지만 적정량을 구입하는 문제, 구입한 상품이 잘 팔릴 것인가 여부를 판단하는 것도 쉽지가 않다. 좋고 나쁜 상품을 제대로 구별하지 못하면 같은 가격인데도 나쁜 상품을 사게 된다. 이는 결과적으로 비싸게 구매함으로써 경쟁력과 판매율이 떨어져 재고가 되기 쉬우므로 가능한 한 빠른 시일 내에 상품 고르는 법을 익혀야 한다.

특히 품질이 좋은 상품을 구별하는 일과 잘 팔릴 수 있는 상품을 구입하는 일은 무엇보다 중요하다. 대체로 창업 초기에는 경영주 자신이 보기에 좋은 상품들을 구입하지만, 정작 고객들은 매장에 없는 것만 찾는 경우가 많다. 이렇게 되면 상품 구색이 갖춰지지 않아 고객들로부터 외면당하기 쉽다. 때문에 경영주는 무엇보다 상품을 보는 눈을 먼저 길러야 하는데, 좋은 방법은 꽃 도매를 하는 분들께 상담을 하여 지도를 받거나 고객들이 어떠한 특성을 가진 상품을 선호하는지 조사 분석하는 것이다.

절화의 경우 꽃의 구매량과 판매량 간에 차이가 있어 재고가 발생하거나 부족해서 못 파는 경우도 발생한다. 이렇게 구매량과 판매량의 차이는 그대로 점포의 매출에 영향을 미친다. 즉 '구입본수-판매본수=손실'로 되고 '구입본수-판매본수=비효율'이 된다. 이것은 숫자상의 문제뿐만 아니라 새로운 상품을 구입하는 데도 장애가 된다.

재고가 있는 만큼 자연히 신선하고 새로운 꽃의 구매를 망설이게 되고 이것은 신선한 꽃을 못 팔게 되는 원인으로 연결된다. 즉 상품 회전율이 늦어진다는 것이다. 따라서 '구매량=판매량'이 되게 해야 하는데, 둘 사이의 균형은 매일의 판매량을 요일, 날씨, 기념일 등 다양한 요인과 결부시켜 분석함으로써 어느 정도 맞출 수가 있다.

한편, 상품을 구매할 때 처음에는 방문 구매를 하다가 일정 시기가 되면 전화로 구매를 하게 되는데, 이때 ① 원하는 상품이 안 오는 경우 ② 가격이 잘못 책정된 경우 ③ 상품의 숫자가 틀리는 경우 ④ 품질이 떨어지는 경우 등이 발생하므로 철저하게 확인하고 문제가 있을 때는 곧바로 상품을 교체하거나 가격을 정정해야 한다.

상품의 취급과 관리

절화의 신선도 유지 방법, 개화 속도 조절은 꽃의 종류에 따라 달라 어느 정도의 경험이 필요한데, 개업 초기에는 이에 대한 경험 미숙으로 물 오름이 잘 안 되어 시드는 경우나 개화 속도 조절을 잘 못해 제 때에 사용하지 못하는 경우도 발생한다. 따라서 이론 공부를 충실히 해 놓는 것은 물론 문제가 발생될 때는 책이나 도매상의 도움을 받아 그 원인을 파악하고 해결한다. 또 개화 속도는 적은 량의 꽃을 다양한 환경에 두어 꽃이 피는 정도를 체크하면서 감각을 익혀가는 것이 좋다.

관엽식물이나 난, 선인장, 분화류 등은 건조, 과습, 광 관리의 잘못으로 상품의 품질이 떨어지거나 죽는 경우가 발생한다. 따라서 이들 식물들은 상품의 구입시 특성을 반드시 파악하고 그에 맞게 관리해야 한다. 예컨대 벤자민고무나무 같은 일부 관엽식물은 구입 후 분갈이를 하거나 환경이 바뀌었을 때 많은 잎이 떨어지는 경우가 있으므로 순화에 대해서도 공부해 두어야 한다. 한편으로는 관련 책자 등을 구입하여 실물을 보면서 관리 방법을 공부하는 것이 좋다.

수발주

꽃집을 창업하기 전에 연수를 받아도 실수하기 쉬운 부분이 수발주 업무이다. 주문을 받는 경우는 매장에서 직접 주문을 받는 경우, 전화로 받는 경우, 팩스로 받는 경우, 인터넷으로 받는 경우 그리고 정기적인 의뢰를 받는 경우 등이 있다. 어느 경우라도 상품의 차이, 가격, 배달지, 배달일과 시간, 대금결제 방법, 받는 사람과 주문한 사람의 연락처, 메시지 내용과 글씨 등을 명확히 기재하고, 발주 때도 이를 명확히 전달해야 한다. 그럼에도 개업 초기에는 자칫 한 두 부분을 빠트리거나 착오로 인해 배달, 납품, 수금 등에 문제가 발생할 수 있다. 따라서 전화기나 계산대 주변에는 항상 주문접수증, 볼펜, 주문접수증과 발주 장부를 마련해 두고 수발주를 할 때마다 꼼꼼히 체크해야 한다.

배달

꽃집의 일 중 많은 문제가 발생하는 것 중의 하나가 배달이다. 배달 시 발생하는 문제로는 급정차, 급출발에 의한 상품의 파손, 배달 시간의 지연, 메시지카드의 분실 등이다. 기념일이 있는 경우에 경험 부족으로 배달이 겹치거나 빠뜨림, 시간 지연 등의 문제도 많이 발생하므로 사전에 점검하여 문제가 발생하지 않도록 해야 한다.

인간관계

꽃집을 하게 되면 시간적인 여유를 갖기 힘들다. 꽃집 일이 쉴 틈도 없이 바빠서 그런 것이 아니고 언제 어떻게 들어올지도 모르는 주문에 대응해야 하기 때문이다. 시간적 여유가 없다 보니 꽃집 일을 하기 전에 맺었던 인간관계를 제대로 유지하지 못하는 경우도 발생한다. 그런데 꽃집의 매출은 인간관계에도 많은 영향을 받으므로 무작정 꽃집을 지키고 있기보다는 기존의 인간관계가 계속 유지될 수 있도록 노력을 해야 한다.

매출관리와 경영분석

꽃집의 매출은 수시로 분석하고 관리를 해야 한다. 일 단위 매출, 주 단위 매출, 월 단위, 년 단위는 물론 기념일에 따른 매출을 분석하고 이것을 바탕으로 경영분석을 해보아야 한다. 그래야만 장사를 잘하고 있는지 잘못하고 있는지 알 수 있고 대책을 세울 수도 있다.

매출의 증감이나 경영에 대한 분석이나 대응책도 없이 하루하루를 보내게 되면 이익을 내는지 손해를 보는지 모른다. 만일 매출과 경영 성과가 나쁜데도 대책을 세우지 않으면 빚이 증가하여 끝내 폐업하는 경우도 발생한다.

매출 목표 설정과 분석

매출 목표의 설정

꽃집에서 매출과 이익률의 증감은 경영 성과와 직결된다. 같은 조건에서 매출과 이익률이 높다면 경영 성과가 좋고 적다면 경영 성과가 나빠 운영이 어렵게 된다. 꽃집이 정상적으로 운영되기 위해서는 일정량의 매출과 이익률이 발생해야 되므로 항상 매출 목표를 정하고 이를 달성하기 위해 노력해야 한다.

꽃집의 매출 목표는 우선 1일당 품목별 대면 판매, 전화주문 판매, 타 지역의 꽃집 주문에 의한 판매, 꽃 배달업체 주문에 의한 판매 등으로 분류한 다음 세우는 게 좋다. 하루에 어떤 형태로 어떤 품목을 어느 정도 팔 것인가 목표를 세워 놓게 되면 매일 점검을 하면서 목표량 달성 여부를 검토하고 미달 시는 이를 해결하기 위해 노력하므로 매출량 증가가 더 쉬워진다.

1일당 매출 목표를 세웠으면 월별로 나눈 다음 품목별로 구분하여 매출액 목표를 세우는 게 좋다. 꽃집에서 매출액은 계절에 따라 큰 차이가 있으므로 월별에 따른 매출 목표를 세우는 것도 필요하다. 전년도 경영분석을 통해 월별 매출 목표를 세우게 되면 한눈에 성수기와 비수기가 비교되고 비수기의 매출 향상 방안에 대한 검토도 쉬워진다.

월별 계획을 세운 후에는 기념일의 매출 계획을 세우는 게 좋다. 우리나라에서 꽃집의 매출은 기념일의 영향을 많이 받기 때문이다. 화이트데이, 어버이날, 크리스마스의 경우는 점포의 위치나 영업 방침에 따라 하루 매출이 어지간한 점포 1개월 매출의 몇 배를 상회하기도 한다.

최근, 웬만한 꽃집들은 홈페이지를 개설하여 소비자들이 온라인 상태에서도 쇼핑을 할 수 있게 되어 있다. 그 중 신경 써서 홈페이지를 제작 · 홍보하는 꽃집은 온라인 매출이 오프라인 판매액보다 훨씬 많다. 반면 일부 오프라인 꽃집에서는 홈페이지만 만들어 놓았을 뿐 온라인상으로는 거래가 거의 안 이루어진다. 그런 만큼 오프라인 대비 온라인 매출 목표를 세워 놓는 게 좋다. 그래야 온라인의 매출 활성화 방안과 실천이 이루어지기 쉽다.

매출 내역 분석

매출 내역의 분석은 다양하게 할 수 있으나 매출 목표로 설정한 것 위주로 하여 일과 주 단위로 하는 것이 무난하다. 그리고 표 5-1과 같이 월, 연 단위는 물론 품목별로 분석하여 한눈에 알 수 있도록 하여 전년도와 비교해 증감 여부를 분석하고 원인과 대책을 세워야 한다. 그 외에 기념일별, 고객별 등 다양한 측면에서 분석하여 목표치의 달성 여부를 점검한다. 매출 내역 분석 결과 목표에 미달시는 그 원인이 무엇인가 분석을 하고 대책을 세워야만 한다.

〈표 5-1. 꽃 배달 전문 온라인업체의 2001년도 품목별 판매 건수 및 매출액 비율〉

품목		월별 구매비율												합계
		1월	2월	3월	4월	5월	6월	7월	8월	9월	10월	11월	12월	
절화상품	절화	0	0	0	0	0	0	0	0	0	1.4	0	1.1	0.6
	꽃다발	19.2	36.2	7.0	18.6	21.6	16.2	16.5	18.7	14.2	20.0	16.7	27.8	20.1
	박스플라워	41.3	9.3	36.5	30.7	24.3	17.4	26.3	21.4	17.5	18.7	21.4	32.1	23.5
	꽃바구니	21.3	45.4	44.5	50.7	61.4	53.4	44.8	34.9	40.4	54.3	45.4	36.1	37.0
	축하화환	7.3	0	6.1	0	2.7	0	0	0	3.7	2.2	0	0	2.9
	근조화환	0	0	0	0	3.2	0	0	11.2	4.6	0	5.1	1.2	3.1
	영정화	0	0	0	0	0	0	0	0	1.8	0	0	0	0.4
관엽식물		13.2	0	0	0	4.2	0	11.2	0	4.1	0	3.8	1.7	3.4
난	동양란	7.7	9.1	5.9	0	5.4	9.6	0	6.3	7.1	0	2.3	0	4.1
	서양란	0	0	0	0	0	0	0	2.1	3.4	1.6	1.9	0	1.7
분경, 분재		0	0	0	0	0	0	1.2	0	0	1.8	1.6	0	1.4
기타		0	0	0	0	0	3.4	0	0	3.2	0	1.8	0	1.8
소계		100	100	100	100	100	100	100	100	100	100	100	100	100
판매액(%)		7.0	3.9	12.2	5.7	15.4	4.7	7.5	7.7	10.8	6.3	9.5	9.6	100
판매 건수 비율(%)		5.6	4.7	12.5	6.0	15.9	5.2	7.8	6.9	11.6	6.5	9.1	8.2	100

* 허북구 등, 한국화훼연구회지 10(2):103-108, 2002 에서 인용

경영분석

매출액을 산출하여 그것을 바탕으로 각종 경영분석을 하면 경영성과가 보다 분명해진다. 경영분석은 크게 수익성, 생산성, 성장성으로 구분하여 할 수 있다.

수익성

경영이 제대로 흘러가려면 우선 이익 확보가 중요하다. 다음에 의해 꽃집의 수익성을 매출액의 이익률이나 자본 이익률의 관점에서 파악해 보자.

* 총자본대비 총경상 이익률=경영 이익/총자본×100
* 총자본 회전율=매상고/총자본×100
* 매출액대비 경상이익률=경상 이익/매상고×100

생산성

높은 매출액이나 이익률을 유도해도 인건비나 매장에 투자된 비용이 많으면 효율이 떨어진다. 종업원 수나 매장 면적에서 본 생산성의 계산 방법은 다음과 같다.

* 판매 생산성(1인당 연매출)=매출액/종업원 수
* 노동 생산성(1인당 조 수익)=매출×조 수익/종업원 수
* 매장 생산성(3.3㎡당 연매출)=매출액×매장 면적
* 상품 생산성(교차비교)=조 수익액/재고액×100

유동성과 생산성

유동성은 자금 상황을 각종 지표에 따라 파악한다. 성장성은 기업으로서 발전을 도모하기 위하여 주목하는 것으로, 매상이나 이익 등의 증가를 통해 파악한다.

기념일 대응전략

최근에는 꽃 소비가 상당히 일상화되었고, 꽃집의 숫자도 무척 증가하였다. 그 때문에 기념일이 되어도 주문이 여러 꽃집으로 분산되어 과거처럼 기념일의 매출이 비수기의 매출 감소분을 대체하고 남을 만큼은 되지 않는다. 그러나 화이트데이, 어버이날, 스승의 날, 크리스마스를 비롯한 몇몇 기념일은 여전히 꽃집에서 대책을 세워야 할 만큼 매출에 중요한 영향을 미치고 있다. 그런 만큼 대응책 마련과 함께 전략적으로 활용함으로써 기념일 특수 효과를 톡톡히 볼 수 있다.

기념일의 꽃 판매량

오랫동안 꽃집을 해온 경영주들은 기념일의 꽃 판매량이 예전에 비해 크게 줄었다는 얘기를 하는 분들이 많다. 그런데 어찌된 일인지 기념일의 꽃 수요량은 매년 증가하고 있다. 기념일의 꽃 수요가 매년 증가하고 있음에도 꽃집에서 기념일의 꽃 판매량이 줄었다는 것은 꽃집 수의 증가에 의해 꽃 주문량이 여러 꽃집으로 분산된 것과 관련이 있다. 더욱이 최근에는 인터넷업체를 중심으로 기념일에 맞는 이벤트 상품을 제안하여 판매하는 업체에 주문량이 집중되기도 한다.

실제로 표 5-2는 어느 온라인업체의 월별 판매 내역을 조사한 것인데 5월의 매출량이 가장 많고 그 다음이 3월이다. 5월의 매출량이 가장 많은 것은 어버이날 때문이었다. 5월에는 스승의 날도 있지만 어버이날도 있다. 이 업체는 온라인 주문이 많은 통신배달 주문업체다. 따라서 방문 구매 비율이 높은 스승의 날 상품 판매량은 적은 반면 시외에 있는 젊은층들이 고향에 있는 부모들에게 꽃을 보내는 어버이날에 주문 비율이 높았다.

(표 5-2. 어느 온라인 업체의 2001년도의 월별 판매 건수 및 매출액 비율)

구분	월												합계
	1월	2월	3월	4월	5월	6월	7월	8월	9월	10월	11월	12월	
판매 건수(%)	5.6	4.7	12.5	6.0	15.9	5.2	7.8	6.9	11.6	6.5	9.1	8.2	100
판매액(%)	7.0	3.9	12.2	5.7	15.4	4.7	7.5	7.7	10.8	6.3	9.5	9.6	100

한편, 화이트데이는 최근 들어 꽃 판매가 가장 많은 기념일이고, 인터넷을 많이 이용하는 젊은 세대가 많이 구매한다는 점에서 어버이날보다 판매량이 많을 것으로 추정되나 표 5-2의 예를 든 업체의 판매량을 보면 화이트데이가 어버이날보다 적었다. 이유는 화이트데이의 경우 부부나 연인관계에 있는 사람들이 대부분 같은 지역 내에 거주하고 있기 때문에 통신배달 구매보다 방문 구매 비율이 높은 데 있었다.

아무튼 기념일의 꽃 판매량은 기념일, 판매처나 방법에 따라 차이는 있어도 평상시의 매출보다 적게는 2배에서 많게는 수십 배에 이르기까지 많은 게 현실이므로 판촉 활동이나 상품의 제작, 납품에 이르기까지 적절한 대응책을 마련해야 한다.

기념일용 꽃의 구매

기념일을 대비한 꽃 구매는 꽃집을 몇 년 동안 경영해도 어렵다. 기념일을 앞두고는 꽃 가격의 변화가 심하고 기념일에 따른 판매 예상량을 쉽게 설정하기 어렵기 때문이다. 꽃 가격은 변화가 심해 어떤 해는 미리 구입하여 꽃 냉장고에 넣어 보관하는 것이 유리하지만 어떤 해에는 기념일을 앞두고 가격이 폭락해 미리 구입한 것이 가격이나 신선도 측면에서 손해 보는 경우가 많다. 따라서 경험이 없는 상태에서는 많은 양을 한꺼번에 구입하지 말고 조금씩 분산하여 구매하는 것이 좋다.

구매량은 꽃의 부족 또는 재고 측면에서 중요한 의미를 지닌다. 너무 적게 준비하면 생산성이 낮고 너무 많이 준비해도 평소보다 비싸게 구입한 꽃이 재고로 처리되어 생산성이 낮아진다. 그러므로 기본적으로는 전년도 기념일 판매량에다 최근의 판매량 증감 비율 추이를 감안하여 설정하는 것이 좋다. 그러나 이것도 표 5-3에서처럼 일정하지 않으므로 기념일에 대한 사회적 분위기, 판촉 활동 정도, 예약률 등을 감안하여 구매하는 것이 좋다.

(표 5-3. 어느 꽃집과 온라인업체의 2001년/ 2002년 판매량의 증감율(%))

구분	1월	2월	3월 14일
오프라인	+5	+14	−12
온라인	+9	+170	−29

판매촉진 활동

홍보

기념일의 꽃 수요는 분명 평일보다 많다. 다만, 그 수요를 자신의 꽃집으로 얼마만큼 집중시킬 것인가가 홍보의 관점이다. 고객을 집중화시키기 위해서는 기존의 꽃집이라면 우선 고정 고객의 반복 구매 비율을 향상시키고 예약 주문 비율을 높이기 위한 홍보를 해야 한다. 고정 고객 외에 신규 고객을 개척하기 위해서는 매장에 현수막을 걸고, 디스플레이를 기념일에 맞게 하는 등 기념일 분위기를 연출해야 한다. 또 기념일은 단기간에 홍보하여 단기간에 효과를 볼 수 있으므로 전단지, 인터넷 등 다양한 매체를 이용하거나 DM 발송 등으로 적극적인 홍보활동을 펼친다. 이와 함께 각종 기념일에 따라 예상되는 주 고객층을 명확히 설정하는 것도 중요하다.

한편, 판매량은 감가상각비(減價償却費), 제경비 등을 고려할 때 매년 15% 정도가 증가해야 현상 유지가 된다는 점을 감안하여 경영 전략에 반영한다.

반복 구매 비율의 향상

꽃집에서 고정 고객은 점포의 기반을 튼튼하게 만드는 고객이다. 신규 고객에 비해 상대적으로 마케팅 비용이 적게 드는 이점과 함께 상품의 안정적인 판매를 가능하게 하기 때문이다. 고정 고객은 상품을 반복적으로 구입하는 고객이지만 처음에는 그들도 신규 고객이었음을 염두에 둔다. 기념일에는 전년도에 구입한 고객의 반복 구매 비율을 높이고 신규 고객은 고객 정보를 충분히 수집하여 다음에 활용하도록 한다.

표 5-4를 보자. 반복 구매에 의한 판매율이 오프라인은 20.9%, 온라인은 18.0%인데, 이 부문은 적은 노력으로도 거둘 수 있는 성과로, 기념일을 대비해 준비할 때 기본적으로 감안해야 할 비율이다.

이 비율(반복 구매 비율)을 높이는 것은 곧바로 생산성 향상과 연결되므로 이에 대한 방안이 필요하다. 반복 구매 비율을 높이려면 고객 정보를 수집하고 이를 활용해야 한다. 가령, 꽃을 받는 사람이 멀리 떨어져 있어 매년 보내야 한다면 이들의 정보를 수집해 놓고 휴대폰, 이메일, 홈페이지 등을 통해 다시 구매를 할 수 있도록 유도한다.

〈표 5-4. 어느 꽃집과 온라인업체의 고객 중 화이트데이용 꽃 선물의 반복 구매 비율(%)

구분	반복 구매 비율		소계	소계	소계
오프라인	방문 구매	전화 구매	20.9	79.1	100
	4.6	16.3			
온라인	18.0		18.0	82.0	100

예약률 향상

꽃집에서는 예약률을 높일수록 생산성을 높일 수 있다. 특히 오프라인 꽃집의 경우 예약률을 높임으로써 일을 분산시킬 수 있고 적정량의 꽃 준비, 제작, 배달 등을 더욱 효율적으로 할 수 있다. 온라인업체의 경우도 시간당 수발주, 배달확인, 고객에게 통보 등을 할 수 있는데 한계가 있으므로 예약률을 높이면 높일수록 효율적으로 된다. 그런 측면에서 예약률을 조사한 결과 표 5-5에서처럼 온라인의 경우 당일 주문이 30% 이하로 효율적이었으나 오프라인 꽃집의 경우 당일 주문량이 68% 이상으로 집중되었다. 오프라인의 경우 생산성이 떨어짐은 물론 시간에 쫓겨 부실한 상품이 제작될 수 있음을 의미하므로 어버이날 등 기념일에는 현재보다 예약률을 높여야 한다.

예약률을 높이려면 수요가 예상되는 고정 고객의 경우 예약을 할 수 있도록 유도하고, 신규 고객에게도 예약을 하면 혜택을 줄 수 있도록 해야 한다. 특히 매년 타 지역으로 배달을 의뢰하는 주문자의 경우 반복 구매 빈도가 높으므로 미리 예약을 받아 기념일 전에 발주를 하여 당일의 혼잡함을 덜 수 있도록 하는 게 좋다.

(표 5-5. 어느 꽃집과 온라인 업체의 화이트데이용 꽃 주문의 예약률)

구분	연도	일별 주문비율(%)						합계
		3월 9일	3월 10일	3월 11일	3월 12일	3월 13일	3월 14일	
오프라인	2001년	0	0	2.8	5.5	16.7	75.0	100
	2002년	0	0	15.7	2.8	22.9	68.6	100
온라인	2001년	0	0	18.7	12.5	43.8	25.0	100
	2002년	5.5	5.5	11.0	16.7	38.2	23.1	100

기념일의 상품 전략

기념일에는 판매량이 많은 만큼 생산성 향상을 위해 가격이 높은 품목 위주로 판매하는 것이 좋다. 판매품목의 단가가 높을수록 배달비나 제작비 비율이 상대적으로 적어지기 때문이다. 그러므로 30,000만 원짜리보다는 50,000만 원짜리 꽃바구니를 팔 때 배달비, 제작비에 소요되는 비율이 낮아 상대적으로 생산성이 높아진다. 그렇지만 품목별 판매단가는 일반적으로 어느 정도의 상하한선이 정해져 있다. 따라서 판매액을 높이려면 옵션 품목을 추가하는 방법을 생각해 볼 수 있다. 그래서 화이트데이용 꽃 판매 내역을 조사한 결과 표 5-6에서처럼 오프라인은 온라인에 비해 케이크가 추가된 비율이 낮았는데 이는 PC화면상에서 여러 가지 모델을 보여 줄 수 있는 온라인과는 달리 현장에서 모델을 보여주지 못한 점, 일이 집중되어 옵션 품목을 제안할 만큼 시간적 여유가 없기 때문으로 보인다. 때문에 기념일에는 옵션 품목의 비율을 높여 판매액을 증가시켰으면 한다. 옵션 품목은 오프라인의 경우 제안할 수 있는 자료나 상품을 준비하여 꽃 이외의 부문에서도 매출을 증가시킬 수 있도록 하고, 온라인의 경우 전국 어디에서나 배달이 가능한 것 위주의 품목을 선택한 후 온라인의 장점을 활용해 적극적으로 제안하였으면 한다.

〈표 5-6. 어느 꽃집에서 화이트데이용 꽃 판매 품목별 비율(%)〉

업체 구분	연도	품목							합계
		꽃다발	꽃다발+케이크	장미상자	장미상자+케이크	꽃바구니	꽃바구니+케이크	기타	
오프라인	2001년	17.1	0	5.7	2.9	62.3	5.9	5.5	100
	2002년	29.3	2.8	7.1	5.2	50.6	2.6	2.4	100
온라인	2001년	4.8	3.6	34.0	9.2	21.3	26.1	1.0	100
	2002년	4.5	9.3	28.3	8.2	23.2	15.1	11.4	100

상품의 제작 및 관리

기념일에는 일시에 많은 상품을 제작해야 하기 때문에 인력의 효율성은 물론 상품의 질 측면도 문제가 된다. 그렇다고 기념일을 기준으로 인력을 쓸수 있는 상황도 아니므로 기념일에는 평소보다 바쁘게 움직여야 하고 아침 일찍부터 저녁 늦게까지 추가로 근무하고 있는 실정이다. 그런데 문제는 추가 시간을 근무한다고 해도 1인당 작업량에 한계가 있기 때문에 매출을 일정 수준 이상 올리기가 힘들다. 가령, 꽃다발의 경우 1개의 상품을 포장하는 데 20분으로 계산한다면 1시간에 3개로 하루 8시간을 근무한다고 했을 때 쉬지 않고 만들어도 24개의 상품밖에 만들 수가 없고 결국 24명의 고객밖에 상대할 수 없다. 또 꽃다발 1개당 5,000원의 마진을 본다고 했을 때 이익은 120,000원이 한계점이다. 따라서 상품 제작과 관련해서는 기념일 1주일 전부터라도 리본 접기, 꽃바구니용 바구니 포장, 물을 먹인 오아시스의 세팅 등을 해놓고 1-2일 전부터는 기본적인 상품을 만들어 두어야 한다.

미리 만들어 둔 상품은 서늘한 시기에는 문제가 없지만 어버이날이나 스승의 날의 경우 개화 속도가 빨라지므로 서늘한 곳에 보관해야 한다.

업무관리 및 배달

꽃집의 업무는 다양한데, 이것 자체가 기념일의 업무를 더욱 복잡하게 하는 경우가 많다. 방문 고객의 접객, 상품 제작, 통신 주문, 통신배달 주문, 타 지역으로 통신배달 의뢰, 주문 시간대별로 배달, 배달 확인과 주문자에게 통보, 상품의 제작 상황과 꽃의 구비 정도, 리본 글씨, 메시지카드 작성, 포장 등 동시 다발적으로 많은 일을 처리해야 하기 때문이다. 그러므로 자칫 주문이나 발주, 메시지카드 등을 빠트릴 수 있고, 리본의 글씨도 바뀔 수 있는 등 실수하기 쉽다. 이러한 실수를 없애기 위해서는 작업 체크 리스트를 만들어 놓고 진행과정을 체크하면서 진행해야 한다.

기념일에는 배달도 문제가 된다. 가령 상품 제작에 20분, 배달 위치 파악과 안내에 5분, 배달에 소요되는 시간 20분, 납품에 5분, 돌아오는 데 20분 정도라고 볼 때, 상품 1개의 배달에 1시간이 소요되어 하루에 10개 미만밖에 배달하지 못한다. 나아가 배달 주문 시간을 지키지 못하는 경우도 발생할 수 있다. 그러므로 가능한 예약률을 높이고 배달 스케줄을 짜서 같은 방향으로 가는 것끼리 모아 배달하면 효율적이다. 아울러 콜밴, 배달 위탁업체 등 꽃집 외의 다른 배달 수단도 예약하여 활용하는 게 좋다.

기록과 분석

기념일별로 꽃의 구입량, 꽃다발, 꽃 박스, 꽃바구니 등 품목별 및 가격대별 판매 내역, 배달 지역, 방문 구매와 통신배달 주문, 고객 정보 등을 기록해 두면 다음 해에 효율적으로 대응할 수 있는 자료가 된다. 또 매년 점포 성장률과 부문별로 성장 여부를 파악할 수 있는 기본 자료가 되어 경영이나 판촉 활동에 유익하게 활용할 수 있다.

고객개발과 관리

꽃집뿐만 아니라 많은 장사에서도 고객을 늘리는 것은 기본 중의 기본이다. 고객이 계속 늘면 매출도 늘어 사업체가 자연히 튼튼하게 된다. 그런데 고객은 아무런 메시지도 발신하지 않는데 스스로 찾아와 고객이 되어 주지 않는다. 끊임없이 개발하고 관리를 해야만 고객이 되어 주고, 그로 인해 점포의 운영과 발전을 기대할 수 있다.

고객의 범주

꽃은 개인이나 회사 차원에서 구매하지만 꽃집의 고객이 개인이나 회사에 국한되는 것만은 아니다. 꽃집의 고객에는 개인, 회사뿐만 아니라 꽃 배달 체인점, 우체국, 온라인업체, 은행, 신용카드 회사는 물론 꽃집 자체도 고객이 된다. 때문에 지역 내에 있는 개인이나 회사 외에 은행, 우체국, 타 지역 꽃집까지도 고객으로 개발해야 매출 증가가 쉽다.

그림 5-1은 어느 꽃집의 고객별 구매액 비율을 조사한 것인데, 회사 고객이 29.3%, 개인 고객이 23.2%로 꽃집이 위치한 곳에서 주문받은 매출액은 50%를 약간 상회하는 정도였다. 나머지는 이종 업체나 타 지역이 꽃집으로부터 주문을 맡아 판매한 매출액인 것이다.

(그림 5-1. 연매출 규모가 2억 원인 어느 꽃집의 고객별 구매액 비율)

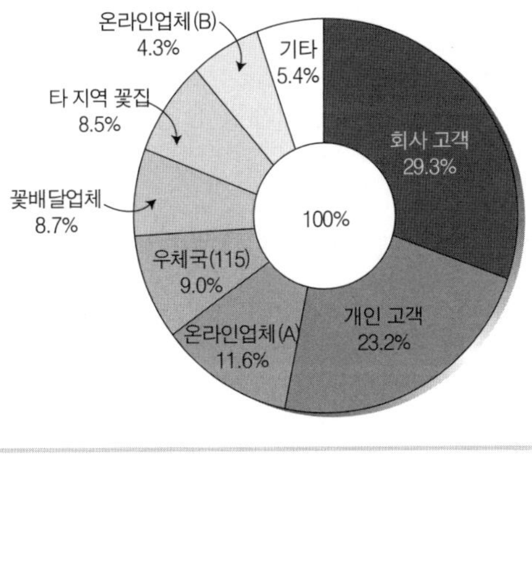

고객의 개발

꽃집이 지속적으로 생존하고 발전하려면 우수한 고객을 많이 늘려야 한다. 고객 수가 늘고 있는 한 꽃집은 확대되고 성장하기 때문이다. 그런데 고객을 개발하기란 그리 쉬운 일이 아니다. 고객에 따라 대응책이 달라지므로 시내 고객과 시외 고객 그리고 고객의 유형 등 다양한 측면에서 방안을 모색해야 한다.

시내 고객

시내 고객은 꽃집이 위치해 있는 지역의 고객으로 주로 개인이나 회사가 주요 고객이 된다. 꽃집이 위치해 있는 지역 사람들이 고객이 되므로 꽃집의 외관과 서비스, 소문, 꽃집의 판촉 활동, 꽃집 주인의 인간관계 등 다양한 요인이 고객개발에 영향을 미친다.

표 5-7은 광주에 있는 어느 꽃집의 회사 거래처 203군데를 추출하여 거래를 하게 된 계기별 비율을 조사한 것이다. 표 5-7에 의하면 이 꽃집의 회사 고객은 인간관계(30.0%), 홍보물(20.7%), 방문구매(16.3%), 영업(14.3%), 거래처 소개(12.8%) 순에 의해 형성된 것으로 고객 개척 방안에 대해 다음 몇 가지 사항을 시사하고 있다.

(표 5-7. 어느 꽃집의 주요거래처의 거래계기별 비율)

<table>
<tr><th colspan="2">구분</th><th colspan="2">거래처 수</th><th colspan="2">비율(%)</th></tr>
<tr><td colspan="2">방문구매 고객</td><td colspan="2">33</td><td colspan="2">16.3</td></tr>
<tr><td colspan="2">홍보물</td><td colspan="2">42</td><td colspan="2">20.7</td></tr>
<tr><td colspan="2">거래처 소개</td><td colspan="2">26</td><td colspan="2">12.8</td></tr>
<tr><td rowspan="3">인간관계</td><td>친인척</td><td>12</td><td rowspan="3">61</td><td>5.9</td><td rowspan="3">30.0</td></tr>
<tr><td>JC,라이온스크럽 등 단체</td><td>17</td><td>8.4</td></tr>
<tr><td>학연, 지연</td><td>32</td><td>15.7</td></tr>
<tr><td colspan="2">영업</td><td colspan="2">29</td><td colspan="2">14.3</td></tr>
<tr><td colspan="2">인터넷</td><td colspan="2">12</td><td colspan="2">5.9</td></tr>
<tr><td colspan="2">합계</td><td colspan="2">203</td><td colspan="2">100</td></tr>
</table>

》 인간관계에 신경을 쓴다

우리 사회는 혈연, 학연, 지연에 대한 애착이 심하고 소속감을 중요시하는 경향이 많기 때문에 꽃의 주문도 인간적인 관계를 유지하고 있는 꽃집 위주로 주문하는 경향이 강하다. 그러므로 인간관계에 신경을 쓰고 이를 고객개발과 연계시킨다.

》 홍보활동을 한다

홍보물에는 다양한 것이 있는데 가능한 저렴하고 실용적인 것 위주로 선택한 다음 꽃집의 존재를 확실하게 알릴 수 있는 내용, 구매욕의 자극과 함께 구매의 편리성을 제공할 수 있는 내용을 담아 배포한다. 또 지역의 정보지 등의 매체도 적극적으로 활용한다.

》 방문 구매 고객의 비율을 높인다

방문 구매 고객을 유인할 수 있는 홍보, 디스플레이, 현수막, 꽃집의 외관 연출, 소문 등을 활용한다. 고객이 방문하면 다시 방문하거나 통신상으로도 구매할 수 있도록 접객 서비스, 상품, 가격에서 만족할 수 있게 하고, 고객관리를 위한 정보를 수집한다.

》 적극적인 영업 활동을 한다

꽃집에서 고객을 기다리는 소극적인 방식에서 벗어나 고객으로 삼고자 하는 개인이나 회사와의 연결고리를 찾아 영업 활동을 한다. 영업은 인근의 수요층 외에 조금 거리가 떨어진 곳의 사무실까지 대상으로 한다. 또 영업은 별도의 시간을 내어서 하기보다는 꽃을 배달할 때 등 평소에도 하는 것이 좋다.

》 거래처를 활용한다

고정 거래처를 상대로 주문에 대해 상품의 품질이나 가격, 서비스에 최선을 다하면 소문이 나서 다른 거래처를 소개해 줄 수 있다. 또 고정 거래처와 친밀도를 높인 다음 그 거래처의 거래 회사를 소개받는 방법도 있다.

》 인터넷을 활용한다

최근 인터넷을 이용한 꽃 구매가 증가하고 있는데, 이를 활용할 필요가 있다. 꽃집의 홈페이지를 개설하여 적극적으로 홍보하고 네티즌들이 방문하여 구매할 수 있도록 한다. 기존의 고정 고객들도 홈페이지를 방문하여 구매하고 구매 즉시 결제하도록 유도한다.

》 기타 방법을 생각하고 실행한다

고객을 개발하는 방법은 생각하면 할수록 많으므로 아이디어를 내어 꽃집의 상황에 맞게 하면 된다. 예컨대, 이벤트 업체와 공동으로 판촉 활동을 할 수도 있는데, 과거의 경우에는 114 안내를 하는 곳에 꽃바구니 등을 수시로 갖다 놓음으로써 꽃집 문의를 할 때 우선적으로 안내해 주는 경우도 있었다.

다른 업종 업체의 고객

우체국, 신용카드, 백화점, 홈쇼핑업체 등 꽃과 관련이 없고 꽃집을 하지 않으면서도 꽃 주문을 받는 업체들이 많이 있다. 이들 업체들은 꽃을 취급하지 않으면서도 많은 양의 꽃 주문을 받아 수수료를 제외한 다음 다시 꽃집으로 발주를 하고 있다. 따라서 다른 업종 업체와 거래를 하기 위해서는 그러한 업체를 파악하고, 그 업체에서 꽃집을 선택하는 방식이나 기준을 알아본다. 그런 다음 자신의 꽃집과 조건이 맞고, 장점이 있다면 그 내용을 정리하여 교섭을 한다.

온라인업체

온라인업체 중 일부는 사무실만 있고 꽃집이 없으므로 꽃 주문을 받은 다음 전국에 있는 꽃집에 위탁 배달을 하는 형태를 취하고 있다. 그러므로 인터넷에서 이러한 업체를 찾은 다음 자신의 꽃집을 나타낼 수 있는 자료를 정리하여 이메일 혹은 직접 방문을 통해 거래 교섭을 한다.

꽃 배달 업체 및 타 지역 꽃집

꽃 배달 업체는 대부분 체인점 형태로 운영되고 있으므로 회원점으로 가입을 하면 자동적으로 거래 관계를 유지하게 된다. 타 지역의 꽃집을 고객으로 개발하기 위해서는 자신의 꽃집 존재를 알려야 한다. 그러기 위해서는 타 지역의 꽃집을 방문하거나 홍보물 등을 보내야 하는데, 요즈음은 체인점 체계가 활성화되어 다소 현실성이 떨어지는 방법이다. 그렇다고 해서 방법이 없는 것은 아니다. 좋은 방법은 우선 타 지역으로 통신 배달되는 상품 주문을 많이 받아 타 지역의 꽃집에 주문을 하면 상대방의 꽃집에서도 역 주문을 하는 경우가 많아져 자연스럽게 거래 관계가 이루어진다. 일단 거래 관계가 이루어졌다면, 한 번쯤은 방문해 보는 것이 좋고, 자신의 상품처럼 정성을 다해 제작과 배달을 해주고 금전 관계도 깨끗이 하여 이미지를 관리하는 것도 중요하다.

고객의 관리

꽃집이 번성하려면 무엇보다도 고객이 증가해야 한다. 고객을 증가시키려면 새로운 고객을 개발하는 것과 함께 한 번이라도 이용한 고객을 놓치지 않아야 하는데, 기존의 고객은 새로운 고객을 개척하는 것보다 상대적으로 비용이 적게 들고 접객도 편리하다. 그러므로 더욱 만족감을 주는 철저한 관리로 고정 고객화시켜야 한다.

고객의 정보수집

고객을 효율적으로 관리하기 위해서는 고객의 정보 파악이 전제되어야 한다. 고객의 정보는 이름, 근무처, 구매 상품, 상품의 용도 등 꽃의 구매와 관련된 것이 있고, 구매와 상관 없이 개인적인 기념일, 생일 등 개인 신상에 관한 것이 있다. 이 중 꽃 상품 구매와 관련된 일반적인 정보는 주문 접수시 주문접수증의 양식에 따라 가능한 한 상세하게 기재해 둔다.

개인 신상에 관한 정보는 고객 카드를 만들어 고객이 기분 상해하지 않는 범위 내에서 작성을 유도하는 게 좋다. 만약 인터넷에 사이트가 개설되어 있다면 이를 통해서도 고객의 정보를 수집한다. 수집된 정보는 컴퓨터 고객관리 프로그램에 수록한다. 그리고 나서 추가로 이용할 때마다 변동 사항이나 서비스를 한 내용까지 수록해 두고 이를 종합적으로 분석한다. 이런 정보는 고객관리와 반복 구매율을 높이는 것, 상품을 제안하는 것, 홍보 등에 훌륭히 활용할 수 있다.

고객명단의 작성과 활용

꽃집을 창업하여 어느 정도 운영하다 보면 자주 이용하는 고정 고객이 생긴다. 고정 고객이 한 사람 두 사람 늘어나게 되면 기억력에 한계가 생기고 고객의 정보에도 혼란을 일으켜 실수하기 쉽다. 꽃집에서는 이러한 실수를 줄이기 위해 컴퓨터 고객관리 프로그램이나 고객 카드 등을 이용해 관리를 하는데, 이것은 고객을 효율적으로 관리하고 필요할 때 쉽게 볼 수 있지만, 휴대할 수 없다는 단점을 지닌다. 그러므로 별도로 우수 고객의 명단을 작성하여 활용하면 다음과 같이 편리하다.

》주요 고객을 한눈에 볼 수 있다

표 5-8처럼 주요 고객명단을 만들어서 지니고 다니면 영업, 이동 중이나 주문을 받고 연락할 때도 간편하게 활용할 수 있다.

한편, 고객명단 작성시 고객이 많은 경우는 회사 고객, 개인 고객, 타 지역 꽃집 등으로 분류하는 것이 좋고 고객의 순서는 쉽게 찾을 수 있게 가나다순으로 정리하는 것이 좋다.

〈표 5-8. 꽃집에서 활용하기 쉬운 주요 고객명단 양식 예〉

고객명	담당자	전화	팩스	리본글씨	주소	비고
기아유통(주)	이금초 (016-968-0000)	732-0000	735-0000	가야유통(주) 대표이사 허세오	종로구 가회동 가회빌딩 5층-00호	03.1.10
강원산업	홍수경 (011-0000)	900-0000	907-0000	(주)강원산업 대표이사 한재선	노원구 상계동 37-00번지	후배
나주건설	김애경 (011-653-0000)	962-0000	965-0000	(주)나주건설 대표이사 이건주	동대문구 이문동 369-000	동양
다가요업	김현구 (016-258-0000)	3471-0000	3471-0000	다가요업 대표 김다훈	서초구 방배동 345-000	방문

》 리본 글씨의 오자를 줄일 수 있다

꽃집과 고객 간에 많이 발생하는 문제 중의 하나가 리본 글씨이다. 꽃을 전화상으로 주문하는 경우에 많이 발생하는데, 이를 방지하기 위해 꽃집에서는 재확인하는 방법으로 오자가 없도록 하고 있다. 그런데 고정 거래처는 주문을 할 때 어디에 누구 앞으로 ○○하나 보내달라는 식의 주문을 하는 경우가 많다. 이 때 회사명, 대표자 이름 등 리본 내용을 하나하나 물어보게 되면 거래처에서는 귀찮아하면서 자신들에게 관심을 보이지 않는 것으로 생각하여 거래 관계를 끊는 경우도 있다. 때문에 회사별 리본 내용을 알아두어야 하는데 꽃집 입장에서는 거래처가 한두 군데가 아니기 때문에 일일이 다

기억하기가 어렵다. 물론 고객 카드나 고객관리 프로그램이 있다면 거래처를 찾아서 리본 글씨 내용을 정확하게 써주면 되지만 바쁠 때는 그럴 만한 시간적 여유가 없다. 이 때 주요 고객 명단을 만들어 둔다면 간편하게 활용할 수 있다.

》고객관리를 수시로 할 수 있다

고객명단이 있으면 수시로 명단을 보게 된다. 명단을 보게 되면 거래처에 대한 친밀감이 높아지는 것과 함께 정보파악도 쉬워진다. 가령 A라는 고객이 있으면 처음에는 그 고객에 대해서만 알게 되었지만 점차 그 주변 환경이나 사람까지도 알게 되며, 이것은 영업이나 거래 범위를 넓힐 수 있는 기반이 된다.

》비상연락망으로 활용할 수 있다

꽃 배달을 주문 받은 다음 배달을 가보면 배달 시간, 장소, 받는 사람이 틀리거나 받을 것을 거부하는 등 여러 가지 상황이 발생하는 경우가 있는데, 이 때 고객명단은 비상연락망이 된다. 이 외에 거래처의 애경사나 업무관계상 연락이 필요할 때도 비상연락망으로 활용할 수 있다.

고객의 분류와 대응

꽃집이 계속적으로 성장하고 고객들에게 외면당하지 않으려면 기존의 고객에게 더욱더 많은 만족을 주지 않으면 안 된다. 그러기 위해서는 주요 고객의 성향과 정보를 바탕으로 분류한 다음 각각의 상황에 맞게 대응해야 한다. 꽃집의 고객을 분류할 수 있는 방법에는 여러 가지가 있다.

고객관리 측면에서는 구매액, 구매 빈도, 친밀도, 지역별, 구매 방식별, 구매 품목별 등 다양하게 분류하는 것이 가능하다. 고객을 분류한 다음에는 표 5-9와 같이 유사한 고객끼리 그룹을 만들어 정리하고 이를 바탕으로 대응책을 마련한다. 가령, 고객을 꽃 구입 빈도와 구매액에 따라 분류한 결과 저단가 빈번 구매 고객으로 분류된 고객에게는 할인 등으로 구매를 자극하고 고급 상품이나 보다 비싼 상품 및 신상품과 서비스를 소개하여 평균 구매액을 높이는 게 좋다. 또 자주 구매하지는 않지만 구입할 때마다 고단가를 구매하는

(표 5-9. 꽃 구매액에 따른 고객의 분류와 대응책 예)

월 구매액	비율	대응 방법
500만 원 이상	8%	특별고객으로, 상품 관련 서비스를 우대해 주고 사소한 것은 알아서 처리해 줄만큼 인간관계를 조성한다.
301~500만 원	12%	우수고객에 걸맞은 감사의 표시와 가격 할인 등의 혜택을 주고 방문하여 꽃을 꽂아 주는 등 접촉 빈도를 높여 고정화 한다.
101~300만 원	38%	상품이나 리본, 배달 시간 등에 클레임이 없도록 노력하고 고객 정보를 파악하여 접점을 찾는다.
100만 원 이하	42%	구매 잠재력의 유무를 구분한 후 구매 잠재력이 있는 곳은 적극적으로 개발한다.

고객에게는 금전적인 인센티브, 사은품, 할인쿠폰, 감사카드 등을 활용하여 자주 구매하도록 유도한다.

감사의 표시

고객이 꽃집과 거래를 하게 된 계기는 다양하지만 앞으로도 계속 거래할 것인지 여부는 꽃집에 달려 있는 경우가 많다. 고객이 만족할 만한 상품과 서비스를 공급해 주면 거래 관계가 계속 유지되지만 고객보다 꽃집 위주의 상품과 서비스를 제공하면 고객도 인간인 이상 거래를 중단하기 쉬운 것이다. 따라서 꽃집에서는 싸고 좋은 상품은 물론 접객과 구매를 비롯한 다양한 서비스를 제공하고 수시로 감사의 표시를 하는 것이 좋다.

구매에 따른 감사의 표시는 소품이나 절화 외에 연초의 난 화분, 연말의 달력, 결혼기념일축하 전보 등 다양하게 할 수 있으므로 적극적으로 하는 게 좋다. 단, 구매량이 적고 구매 증가 가능성도 적은 거래처의 경우는 사전에 고객의 특성을 최대한 파악한 후 실행한다. 자칫하면 감사의 표시만 자주 할 뿐 그것이 거래나 구매량의 증가와 연계되지 않아 꽃집의 손실로 이어지기 때문이다.

성공하는 꽃집이 되자

꽃집의 창업과 경영에 대해 부분적으로 나누어 간략하게 서술하였는데, 이 부분까지 읽은 독자 분들은 이제 꽃집의 창업이나 경영에서 한발 앞서갈 수 있을 것이다. 꽃집 창업과 경영에 이 책이 도움이 되고 안 되고 여부를 떠나서 이 책을 구입하고 읽었다는 것 자체가 적극적인 의지를 갖고 노력하고 있음을 나타내기 때문이다. 마찬가지로 꽃집을 시작하겠다고 마음먹었거나 현재 경영하고 있다면 성공은 고객이 만들어 주는 것이 아니라 경영주 자신이 만들어 간다는 사실을 명심하고 계속 노력하였으면 한다.

실패한 꽃집과 성공한 꽃집

각 지역의 주요 꽃집을 대상으로 5년 전과 현재의 모습을 비교한 결과 어떤 꽃집은 5년 전 그대로(물론 시설은 예전에 비해 노후되어 있었다)인 곳, 꽃집 자체가 아예 없어진 곳, 크게 성공해 번화가로 옮겨 간 곳 등 힘들게 현상 유지를 하고 있는 꽃집, 문 닫은 꽃집, 성공한 꽃집으로 구분되었다.

그 중 문을 닫은 꽃집의 경영주는 5년 전 방문했을 때 몇 년 후 크게 성공한 자신을 지켜 봐 달라고 큰소리쳤던 사람으로, 5년 후인 현재는 크게 축소된 꽃집에서 주름살만 늘어나 있었다. 과거의 패기와 자신감은 어디에도 보이지 않았다. 꿈과 희망, 도전 정신보다는 현실에 안주하기에 바쁜 것 같았고 사회에 대한 불만만 팽배해 있었다. 비슷한 유형의 꽃집 경영주 중에는 꽃집의 일에 열중하기보다는 컴퓨터 오락이나 고스톱, 장기에 빠져 있다가 꽃 사러 온 손님에게 오히려 짜증을 내기도 했다. 시대가 바뀌어 고객관리, 리본 출력 등을 위해 마련해 놓은 컴퓨터를 효율적으로 사용하지 않고 고스톱, 장기와 같은 오락이나 채팅 등 업무 외의 측면으로 사용하면서 시간만 축내고 있었던 것이다.

반면 성공한 꽃집의 경영주는 5년 전에 방문했을 때부터 이것저것 물어 보고 그것도 모자라 이후에도 수시로 질문을 해 오던 젊은 사람이었다. 5년 후 그는 시내 한 복판에 커다란 점포를 마련한 채 맞이했으며, 예전이나 지금이나 적극적인 사고방식으로 점포를 경영하고 있었다.

성공하는 꽃집이 되자

꽃집의 전망은 업무용 수요 외에 일상생활용이나 사랑의 선물용 등 꽃 소비가 매년 증가하므로 전망이 좋다와 경기가 불황인데다 꽃집 수가 너무 많고, 부가가치도 낮아 비전이 없다 등 상반된 주장이 있다. 따라서 확실하게 전망이 좋다, 나쁘다 쉽게 결론짓기는 어렵다. 그러나 분명한 것은 현재 우리나라에 수만 개의 꽃집이 있으며, 그 중 성공한 꽃집들은 1년에 수십억의 매출을 올리고 있다는 사실이다. 물론 경영이 순조롭지 않은 꽃집은 점포 운영비조차 벌지 못한다.

이 점은 성공하는 꽃집과 실패하는 꽃집의 결정이 고객을 비롯한 주변 환경보다는 경영주에 의해 좌우된다는 점을 시사하는 것이므로 창업을 준비 중이거나 개업을 한 경영주라면 적극적인 의지를 갖고 노력함으로써 몇 년 후에는 반드시 성공한 꽃집이 되기를 바란다.

현재 꽃집을 경영하는 경영주라면 창업시의 마음가짐으로 되돌아가 보았으면 한다. 어떤 마음을 갖고 창업을 했으며, 과연 목표 달성을 했는가? 굳건한 의지를 갖고 효율적인 경영을 해 왔는지 아니면 노력보다는 적당히 하루하루를 보냈는지를……. 그러면 앞으로 개선할 점은 무엇인지, 분명 여러 가지 생각이 들 것이라 생각된다. 아무쪼록 그 문제점을 파악하여 개선하려고 노력함으로써 성공하는 꽃집이 되었으면 한다.

참 고 문 헌

- 고마쓰 미에코(윤재길, 이상수 역), 식용화 요리와 재배법, 서울, 도서출판 허브월드, 2000.
- 고하수, 한국꽃예술사, 서울, 하수출판사, 1999.
- 김규원, 화훼장식기능사 국가기술 자격종목 개발 연구보고서, 한국산업인력공단, 2001.
- 김송자 · 최송자 · 한명순 · 한용희 · 허북구, 플라워스쿨 경영전략, 서울, 중앙생활사, 2002.
- 김정희 · 손병남 · 윤윤희 · 이명만 · 장정옥 · 정진순 · 하현영 · 황보애자, 꽃으로 돈을 만든다, 디자인채널, 서울, 2001.
- 박경숙 · 박양수 · 우금연 · 유재원 · 윤석임 · 이윤선 · 전수혜 · 최송자 · 홍성덕 · 홍성옥, 쉽고 재미있는 꽃 디자인하기, 서울, 여성자신, 1996.
- 박윤점 · 김송자 · 한금숙 · 한명순 · 한용희 · 허북구, 당신도 플라워 디자이너로 성공할 수 있다, 서울, 도서출판 서원,1998.
- 박윤점 · 허북구, 국제화 및 정보화 시대의 화훼유통, 익산, 원광대학교 출판부, 2001.
- 박윤점 · 서정근 · 손기철 · 이인덕 · 한용희 · 허북구, 장식원예총론, 서울, 중앙생활사, 2002.
- 서수옥, 플라워디자인 교본, 서울, 알라딘, 1999.
- 손관화, 화훼장식, 서울, (주)진흥미디어, 2002.
- 손기철, 절화 · 절엽 드라이플라워의 수확 후 관리 및 취급 요령, 서울, 도서출판 서원, 1995.

- 손기철 · 윤재길, 꽃색의 신비, 서울, 건국대학교출판부, 2000.
- 손병남 · 황보애자 · 최화영 · 이명만 · 장정옥, 꽃다발 비즈니스 매뉴얼, 서울, 잠비미디어, 2000.
- 손병남 · 황보애자 · 최화영 · 이명만 · 장정옥, 꽃바구니 비즈니스 매뉴얼, 서울, 잠비미디어, 2000.
- 송원섭, 건조화의 이론과 실제, 서울, 도서출판 서일, 1997.
- 아르메리아 편집위원, 배우기 쉬운 동양꽃꽂이, 서울, 도서출판 인사랑, 2000.
- 아르메리아 편집위원, 배우기 쉬운 플라워 디자인, 서울, 도서출판 인사랑, 2000.
- 안동분 · 김숙현 · 하성자 · 전혜정 · 김복선 · 장양순, 5월 꽃상품 비즈니스 매뉴얼, 서울, 잠비미디어, 2000.
- 양정인 · 박윤점 · 채상 · 허북구, 압화예술원론, 서울, 중앙생활사, 2002.
- 옥플라워 디자인 꽃꽂이연구회, 한국의 플라워디자인, 서울, 대학당, 1990.
- 이경옥 · 이종원 · 김영애, 선물용 화분 비즈니스 매뉴얼, 서울, 잠비미디어, 2000.
- 이순봉 · 진재성 · 한용희 · 허북구, 경조 화환의 이론과 실제, 광주, 화연출판부, 1994.
- 이종원 · 김영애, 장미꽃다발, 서울, 잠비미디어, 2001.
- 이지언, 유러피안 플라워디자인 교재; 독일 디자인의 이론과 작품, 서울, 청아플라워즈, 1998.

- 이화은 · 이영선 · 양나영 · 박건미 · 이정화 · 도지현 · 탁영숙 · 백진주 · 도윤정 · 김민선, 화훼장식론 이론 및 실습, 서울, 우림출판문화원, 2001.
- 임성택 · 임성택, 플라워 랩핑 패밀리, 서울, 도서출판 채빈, 1997.
- 임성택, 웨딩플라워, 서울, 도서출판 채빈, 1999.
- 진재성 · 한용희 · 이순봉 · 허북구, 신세대 신 감각의 패션 꽃다발, 광주, 화연출판부, 1994.
- 플레르, 만들어 봐요; 꽃바구니편, 서울, 도서출판 유니프, 2000.
- 한국플라워디자인협회, 정석 플라워디자인, 서울, 도서출판 인아, 1998.
- 한용희 · 채상엽 · 이순봉 · 허북구, 실용웨딩부케와 웨딩카 장식, 광주, 화연출판부, 1997.
- 허북구, 허북구의 비즈니스 플라워디자인, 원예경제신문사, 1994-1996.
- 허북구, 화훼의 카탈로그 마케팅, 화훼협회보 169 : 20-21, 1995.
- 허북구, 플라워마케팅, 플라워저널 1996-2003.
- 허북구, 꽃바구니의 기초이론, 한국화예학회 논문집 4 : 91-118, 2001.
- 허북구, 시대에 맞춰 팔리는 꽃 상품 만들자, 애그리비즈니스 2(8) : 36-37, 2001.
- 허북구, 돈 잘 버는 플라워샵 만들기, 서울, 중앙생활사, 2002.
- 허북구 · 채수천 · 손기철, 화훼유통과 플라워샵 비즈니스, 서울, 중앙생활사, 2002.
- 허북구 · 구신화 · 이순봉 · 최송자 · 한용희, 실전 꽃 포장 쉽게 배우기, 서울, 중앙생활사, 2002.